主编 刘卓

法学与电影
LAW AND FILMS

中国政法大学出版社
2022·北京

声　　明　　1. 版权所有，侵权必究。

　　　　　　2. 如有缺页、倒装问题，由出版社负责退换。

图书在版编目（CIP）数据

法学与电影/刘卓主编. —北京：中国政法大学出版社，2022.12
ISBN 978-7-5764-0788-4

Ⅰ.①法… Ⅱ.①刘… Ⅲ.①法律－中国－学习参考资料 Ⅳ.①D920.4

中国版本图书馆 CIP 数据核字(2022)第 257970 号

出 版 者	中国政法大学出版社
地　　址	北京市海淀区西土城路 25 号
邮寄地址	北京 100088 信箱 8034 分箱　邮编 100088
网　　址	http://www.cuplpress.com（网络实名：中国政法大学出版社）
电　　话	010-58908586(编辑部) 58908334(邮购部)
编辑邮箱	zhengfadch@126.com
承　　印	固安华明印业有限公司
开　　本	880mm×1230mm　1/32
印　　张	6.75
字　　数	200 千字
版　　次	2022 年 12 月第 1 版
印　　次	2022 年 12 月第 1 次印刷
定　　价	49.00 元

前言
PREFACE

教书育人是教师的天职。如何更好地服务当代大学生、完成教书育人的使命是初为大学教师的我常常思考的问题。于是，受湖南大学法学院蒋海松副教授、博士的《法律与艺术》课程的启发，为了实现普法的目标，我所独创的《看电影，学法学》通识选修课应运而生。该课程一经诞生就广受欢迎，吸引了不少大学生选报和前来听课。可惜，这门课程缺乏教材。这给参加该课程的同学带来了一些不便。完成本书正是为了弥补这一遗憾。

电影是我国多数群众所喜闻乐见的艺术形式，借助电影普法更是一种大胆的创造。寓教于乐正是《看电影，学法学》课程和本书的基本构思。为了便于适用我国法律讨论问题，本书精选了9部经典的当代电影，并抽取了电影中的法律问题。这些问题也是不少电影观众所困惑的。出版本书正是希望可以通过回答并详细讲解这些问题涉及的知识点，起到向当代大学生普法的作用。通过本书，读者可以领略电影中的人物塑造之美、情节之美和构思之美，可以了解到电影中涉及的诸多法律问题，更重要的是，还可以知晓它们的答案及背后的法律知识。当然，回答这些问题的前提——假如这些行为可以适用我国（不含港澳台地区）当今的法律。离开了这一假设，书中相关问题的讨论便无法展开。这是读者们阅读之前便需要注意的。

  本书的讨论涉及诸多部门法知识，以刑法为主。就主要内容而言，它又试图充分彰显问题意识，直接将读者观看电影时产生的疑惑作为所要讨论的核心内容。这也是本书的特色之一。读者在了解了剧情之后，便可以直接知晓相关法律问题的答案并进一步获取对这些问题所涉及知识点的详细解读。在阅读完主要内容后，又能了解一些典型案例，其中不少是取材于中央广播电视总台（CCTV）《今日说法》栏目中的内容。这样的结构设计既比较精当，有利于法学专业以外的大学生学习法律常识，又保持了一定的开放性，便于一些学有余力的同学进一步深入思考。这便是本书的主要内容。

  通过阅读本书，读者既能回味电影中的经典桥段，又能解开不少法学困惑。

  本书的写作是我和五位同学辛勤和汗水的结晶。他们不仅对于这门课程有着浓厚的兴趣，而且对法律和艺术充满了好奇和热爱。他们认真而又执着，聪颖而又热情，勤奋而又细腻。

  本书具体分工如下：

第一章，刘卓、石丹；

第二章，刘卓、石丹；

第三章，刘卓、陈欣仪；

第四章，刘卓、陈欣仪；

第五章，刘卓、黄嘉怡；

第六章，刘卓、黄嘉怡；
第七章，刘卓、叶剑渝；
第八章，刘卓、叶剑渝；
第九章，刘卓、叶剑渝。

刘 卓
2022 年夏于韶关

目录

前　言 / 001

第一章　《黑金》 / 001

导读 / 003

本章核心问题 / 006

拓展与思考 / 021

第二章　《最爱》 / 025

导读 / 027

本章核心问题 / 031

拓展与思考 / 049

第三章　《三块广告牌》 / 053

导读 / 055

本章核心问题 / 057

拓展与思考 / 073

第四章 《无间道》/ 075

导读 / 077

本章核心问题 / 079

拓展与思考 / 093

第五章 《我的姐姐》/ 097

导读 / 099

本章核心问题 / 102

拓展与思考 / 118

第六章 《喊山》/ 119

导读 / 121

本章核心问题 / 124

拓展与思考 / 140

第七章 《可可西里》/ 141

导读 / 143

本章核心问题 / 145

拓展与思考 / 156

第八章 《疯狂的石头》/ 161

导读 / 163

本章核心问题 / 166

拓展与思考 / 180

第九章 《落叶归根》/ 181

导读 / 183

本章核心问题 / 185

拓展与思考 / 200

后　记 / 203

第一章
《黑金》

导　　演：麦当杰

编　　剧：麦当雄

出品时间：1997 年

出品公司：永盛娱乐制作有限公司

主演介绍：

刘德华（饰方国辉），1961 年 9 月 27 日出生于中国香港地区，籍贯广东省江门市新会区，中国香港影视男演员、歌手、制片人、作词人。

梁家辉（饰周朝先），1958 年 2 月 1 日出生于中国香港地区，祖籍广东，华语影视男演员，毕业于香港理工学院（今香港理工大学）。

吴辰君（饰凌飞），1978 年 8 月 21 日出生于中国台湾地区，女演员、歌手，毕业于华岗艺校舞蹈科。1994 年出演成龙电影《简单任务》，正式踏入娱乐圈。

孙佳君（饰崔妙香），1974 年 9 月 11 日出生于新加坡，影视女演员，毕业于加拿大西蒙弗雷泽大学，修读英国文学。

导 读

黑道大哥周朝先、丁宗树前来拜会政府侯"部长",他们都希望能够争取到"立法委员"的提名。侯"部长"表示内部更有意向提名周朝先,但这只是侯"部长"为他设下的一个圈套。

调查局方国辉率领一众属下对周朝先展开调查,发现他名下的电玩中心有大量赌博设备,于是他派遣属下潜入电玩中心取证,不料却被对方察觉,历经波折方才逃脱。调查局依据此次调查对周朝先发起检控,但周朝先早已买通负责审理此案的法官,最终被无罪释放。前来报道的记者凌飞得知此事后愤愤不平,在路过方国辉的车辆时留下纸条,鼓励他继续与罪恶斗争。

周朝先和其夫人崔妙香前往善缘山庄参加济世会的慈善法会,并借慈善的名义捐出了六千万元的政治献金。方国辉得知周朝先参与海滨公路的工程投标,并以暴力手段恐吓其他的竞争对手后,决定以此为线索继续调查。方国辉找到了同样参与投标的林董,并且试图说服他作为卧底,收集周朝先的犯罪证据。

周朝先召集了八家竞争对手参与其商讨公路投标一事的会议。但是会议中,周朝先却十分霸道强势地威逼众人赞成他的做法,林董对此愤愤不平,并坚决表示反对,遭到周朝先的暴力对待。方国辉等人察觉林董有危险,急忙赶到现场解救林董,而林董已被周朝先五花大绑,用钓鱼竿牵扯着。周朝先更是放出豢养的狼犬,对方国辉等人展开猛烈追击,但方国辉等人通过努力，最终成功解救了林董。

海滨公路的工程投标一事因为方国辉等人的介入被无限期延迟。周朝先颇为愤怒，他试图收买方国辉，却遭到拒绝。另外，侯"部长"借投标会议的监控视频证据，向周朝先下套，免去了他"立法委员"的提名，周朝先这才发觉自己掉进了侯"部长"的圈钱陷阱。

调查局内，立下大功的方国辉却突然被上司通知停职休息。原因是他私自调查济世会的账户，触动了侯"部长"及其背后势力的利益。通过凌飞的鼓励和帮助，方国辉获得了"法务部"冯"部长"的支持，得以继续调查周朝先及其背后的政治黑金事件。

丁宗树在"立法委员"竞选开展中意气风发，周朝先带人闯入会场，向在场的所有媒体和记者宣布自己退党，以无党派人士的身份参选。为了拉选票，周朝先和丁宗树都派出了属下的出租车为自己宣传造势。结果，双方的出租车司机，因抢夺乘客发生口角，局面愈演愈烈，逐渐演变成了一场骚乱。周朝先意识到，这对目前处境中的他来说，是个千载难逢的好机会。于是，在他的暗中指示下，场面的骚乱更加不可收拾，方国辉的父亲也在此次骚乱中身受重伤。警政署长万般无奈之下，向周朝先求助，这也正中其下怀。道貌岸然的周朝先向警政署长施以援手，不仅借此机会打击了丁宗树一派，又借助调节骚乱事件提高了民众对其的信赖度。

方国辉等人顺着蛛丝马迹坚持不懈地调查，发现济世会的神棍宋妙天与黑金事件牵连匪浅，于是对其进行秘密跟踪，却被宋妙天发现。而周朝先派出暗杀方国辉的杀手此时也出现在此。双方一番激烈的斗争之后，宋妙天侥幸逃脱，而方国辉的手下倪建国则壮烈殉职。

第一章 《黑金》

竞选途中，周朝先与丁宗树狭路相逢。丁宗树利用方国辉险些遭人暗杀一事，以及周朝先妻子的出身对其进行言语攻击，而崔妙香一番现身说法挽回了局面，同时又替周朝先提升了他的民众好感度。周朝先对丁宗树的此番作为怀恨在心，于是派人色诱丁宗树，并将其暗杀。因为竞争对手的突然去世，以及拥有较高的民众好感度，周朝先高票当选"立法委员"。而另一边，此番局势对于方国辉来说，却是越来越紧迫，他迫不得已决定兵行险路。他暗中绑架了宋妙天，并利用宋妙天替身的证词和自己所收集掌握到的犯罪证据逼迫宋妙天转化为污点证人。成功当选的周朝先野心勃勃，他不仅仅想成为一个"立法委员"，他和所有有过黑道背景的"立法委员"聚在了一起，向他们表明了自己的政治野心，并提出了他要重新建立一个新政府的想法。

在宋妙天的帮助下，方国辉等人乔装打扮顺利地潜入了周朝先的别墅，拿到了周朝先贿赂政府官员的关键证据。得知消息后的周朝先气急败坏，马上派人前去拦截，而方国辉却早已盘算好让凌飞带着一众媒体记者在路上等候。迫于舆论压力，周朝先只好先放弃了对方国辉等人的追杀。眼看着黑金事件即将败露，侯"部长"及其背后的组织决定弃卒保车，杀掉周朝先以绝后患。

不甘心就此成为替罪羊的周朝先，狗急跳墙，把侯"部长"带到直升机上并将其推下吊死，斩断了自己和政府高层的牵线，选择与其背后的势力鱼死网破。随即，周朝先在众小弟的掩护之下开始了绝命逃亡。方国辉驾驶着武装直升机紧随其后，对其进行了拦截，双方在公路上展开了一场殊死搏斗，崔妙香命丧其中。

本章核心问题

问题一：周朝先是否构成开设赌场罪？

◇ 场景片段重现

（一）

方国辉：这个场地全部都是赌博电玩，打电话去这个管区，立刻报警。这里的人跟外面的车好像不太搭。

方国辉属下：方哥，警察局说，他们才刚做过例行检查，他们说这间是健康合法的电玩店，所以拒绝受理。

方国辉：再打一次，告诉他们有人贩毒。

（二）

电玩店服务员：（纪念品房内）两个特大号电饭锅，20万元。你等等，数给你。这是20万元，你点点。

红衣妇女：（指着从纪念品房内出来的方国辉）就是他偷了我的饭锅！

答：周朝先构成开设赌场罪。

开设赌场罪是指以营利为目的，聚众赌博、开设赌场的犯罪行为。

《中华人民共和国刑法》[1]第303条规定，以营利为目的，聚众赌博或者以赌博为业的，处3年以下有期徒刑、拘役或者管制，并处罚金。开设赌场的，处5年以下有期徒刑、拘役或者管制，并处罚金；情节严重的，处5年以上10年以下有期徒刑，并处罚金。组织中华人民共和国公民参与国（境）外赌博，数额巨大或者有其他严重情节的，依照前款的规定处罚。

开设赌场罪的构成要件包括：客体要件，即本罪侵犯的客体是正常的社会管理秩序；客观方面要件，即本罪在客观方面表现为聚众赌博、以赌博为业和开设、经营赌场的行为；主体要件，即本罪的主体为一般主体，达到法定刑事责任年龄、具备刑事责任能力的自然人均能构成本罪；主观要件，即本罪在主观方面表现为故意，并且以营利为目的，行为人聚众赌博、开设赌场或者一贯参加赌博。

根据最高人民法院、最高人民检察院、公安部《关于办理利用赌博机开设赌场案件适用法律若干问题的意见》的规定，利用赌博机开设赌场，具有下列情形之一的，构成开设赌场罪：设置赌博机10台以上的；设置赌博机2台以上，容留未成年人赌博的；在中小学校附近设置赌博机2台以上的；违法所得累计达到5000元以上的；赌资数额累计达到5万元以上的；参赌人数累计达到20人以上的；因设置赌博机被行政处罚后，2年内再设置赌博机5台以上的；因赌博、开设赌场犯罪被刑事处罚后，5年内再设置赌博机5台以上的；其他应当追究刑事责任的情形。

---

[1] 为表述方便，本书后面涉及我国法律，直接使用简称，省去"中华人民共和国"字样，后不赘述。

本案中，周朝先以营利为目的，以隐蔽手段实施了开设赌场的行为，构成开设赌场罪。

问题二：周朝先故意伤害林董是否构成正当防卫？

◇ 场景片段重现

周朝先：今天你是故意搞破坏的。是谁支持你的？（慢慢摸向了前方桌子上的手枪）

林董：（林董立马从外套里掏出手枪对着周朝先）我干你娘！（画面一转，响起枪声）

尼古丁：（监控室内）我靠，林董有枪啊！

（周朝先跨过桌子对林董拳打脚踢）

答：周朝先故意伤害林董不构成正当防卫。

正当防卫是指对正在进行不法侵害行为的人，而采取的制止不法侵害的行为，对不法侵害人造成损害的，属于正当防卫，不负刑事责任。

《**刑法**》第20条规定，为了使国家、公共利益、本人或者他人的人身、财产和其他权利免受正在进行的不法侵害，而采取的制止不法侵害的行为，对不法侵害人造成损害的，属于正当防卫，不负刑事责任。正当防卫明显超过必要限度造成重大损害的，应当负刑事责任，但是应当减轻或者免除处罚。对正在进行行凶、杀人、抢劫、强奸、绑架以及其他严重危及人身安全的暴力犯罪，采取防卫行为，造成不法侵害人伤亡的，不属于防卫过当，不负刑事责任。

根据刑法相关规定，只有同时具备以下五个要件才能构成正当防卫：①起因条件，需要不法侵害现实存在。正当防卫的起因必须是具有客观存在的不法侵害。"不法"一般指法令所不允许的,其侵害行为构成犯罪的行为,也包括一些侵害人身、财产,破坏社会秩序的违法行为。如果防卫人误以为存在不法侵害,那么就构成假想防卫,假想防卫不属于正当防卫。②时间条件,需要不法侵害正在进行。只有不法侵害正在进行,才能对合法权益造成威胁性和紧迫性,因此才可以使防卫行为具有合法性。③主观条件,需要具有防卫意识。正当防卫要求防卫人具有防卫认识和防卫意志。防卫认识是指防卫人认识到不法侵害正在进行,防卫意志是指防卫人出于保护合法权益的动机。防卫挑拨、相互斗殴、偶然防卫等都是不具有防卫意识的行为。④对象条件,需要针对侵害人防卫。正当防卫只能针对侵害人本人防卫。由于侵害是由侵害人本人造成的,因此只有针对其本身进行防卫,才能保护合法权益。⑤限度条件,需要没有明显超过必要限度。防卫行为必须在必要合理的限度内进行,否则就构成防卫过当。例如,王某正准备对黄某进行猥亵,黄某的朋友高某见状将王某打晕在地,后又使用石块将其砸死,这就明显超过了正当防卫的必要限度。但针对严重危及人身安全的暴力犯罪所进行的防卫,不会构成防卫过当。例如,张某欲对黄某实施强奸,黄某即使在防卫过程中将张某打死,也仍属于正当防卫的范围。

相关案例: 张某闯入某小学殴打校长李某及他人,李某为了保护自己和学校安全而奋起还击,将张某打成轻伤,后公安机关拘留了张某和李某并且送交检察机关公诉。李某的行为是否构成正当防卫?为何众多案件中正当防卫条款不被适用?

李某的行为构成正当防卫，因为李某的行为是为了使公共利益、本人以及他人的人身权利免受正在进行的不法侵害而采取的正当行为，同时也并不存在明显过当的情形。张某采取殴打的方式将李某打成轻伤，李某为了保护自己及学校师生还击，亦采取赤手空拳的方式将其打成轻伤。无论是手段还是结果，两者都是旗鼓相当。由于李某主观上具有防卫目的，因此，李某的行为并不构成防卫过当。同时，根据最新的司法解释，李某的反击行为没有导致对方重伤或者死亡的结果，所以，不能将其认定为防卫过当。由于正当防卫的行为认定标准存在界限模糊的情形，加之长期以来盛行的以结果为核心的防卫过当的认定文化惯性，将正当防卫认定为防卫过当的情形仍然存在。2020年8月28日，最高人民法院、最高人民检察院和公安部印发《关于依法适用正当防卫制度的指导意见》。在该司法解释中，如果反击行为没有导致不法侵害人重伤或者死亡情形的，反击行为就不再被认定为防卫过当。

下列九种行为不属于正当防卫：①打架斗殴中，任何一方对他人实施的暴力侵害行为，两人及多人打架斗殴，一方先动手，后动手的一方实施的所谓反击他人侵害行为的行为，不属于正当防卫；②对假想中的不法侵害实施的不合法的"正当防卫"行为，不法侵害必须是在客观上确实存在，而不是主观想象的或者推测的；③对尚未开始不法侵害行为的行为人实施的不合法的"正当防卫"行为；④对自动停止，或者已经实施终了的不法侵害的行为人实施的不合法的"正当防卫"行为；⑤不是针对正在进行的不法侵害者本人，而是无关的第三者的不合法的"正当防卫"行为；⑥不法侵害者已被制伏，或者已经丧失继续侵害能力时的不合法的"正当防卫"行为；⑦防卫挑拨式的不合法的"正当防卫"行为,即为了侵害对方,故意挑逗他人向自己进攻,然后借口正当防卫加害对方;⑧对合法行为采取的不合法的"正当防卫"行为,公安人员依法逮捕、拘留犯罪嫌疑人等合法行为,嫌疑人不得以任何借口实行不合法的"正当防卫",对紧急避险行为也不能实行正当防卫;⑨起先是正当防卫,但后来明显超过必要限度造成重大损害的行为。[1]

问题三:周朝先以暴力手段抢占政府工程构成何罪?

◇ 场景片段重现

(一)

方国辉属下:林董是德昌建筑董事长,他最近想参与海滨公路工程投标,频频遭到恐吓。他怀疑周朝先,所以检举他。

林董:(林董家内)现在政府的工程都给他抢光了!他们是黑社会,怎么懂得做工程呢?绑架、杀人、放火,你叫他们放火,把一栋大楼烧掉他们懂!你叫他们盖个大楼他们哪来的本事?黑白挂钩,我的地盘被占,员工被打,这恐吓的手段比好莱坞的电影还高明呀!(指着女仆拿着的长盒子)这个是我儿子在学校读书的时候,他们送过去的。(对女仆说)打开,纸扎的灵骨塔,(指着全家福)两大一小,你懂不懂?我哪敢找警察?警察通通被他们买通了,我去报警不是等于自投罗网、自找死路吗?我来调查局举报也是碰运气!

---

〔1〕参见"正当防卫(法律概念)",载百度百科 https://baike.baidu.com/item/%E6%AD%A3%E5%BD%93%E9%98%B2%E5%8D%AB/295034。

(二)

周朝先：关于滨海公路工程，有意投标的公司一共有十八家。但以我的评估，其中有九家是不大够资格承担那么大的工程的。所以，我分别跟他们的负责人都谈过，他们也很给我面子，总算是把他们都劝退了。今天，就剩下我们九家，刚才又退掉一家，那就是八家了。

…………

周朝先：好，我出最后一口价。第一，每家公司分七百万元。第二，这件工程的二手就由乔五跟刘董的公司承包。我话讲完，谁赞成？谁反对？

林董：我反对！（周朝先狠狠地扇了林董一下，林董摔倒在地上，其他人面面相觑）

黑色外套老董：我赞成！（喝了一口茶）

金色眼眶老董：我……我反对……我赞成！

(三)

广场新闻：去年因偷工减料使三宗工程倒塌，造成160多人死伤，市民对官员勾结黑帮、绑标工程非常震愤。而该公司董事长周朝先，目前亦下落不明，营建署今天宣布滨海工程要冻结三个月，直到内部审查有无官商勾结后再执行围标。这次调查局行动总指挥就是赌博性电玩克星、司法界战士方国辉，方国辉带着一帮得力的精英分子在拼老命……

答：周朝先以暴力手段抢占政府工程构成故意伤害罪（既遂）和串通投标罪（未遂）。

根据《刑法》第223条的规定，串通投标罪是指投标者相互串通投标报价，损害招标人或者其他投标人利益，或者投标者与招标者串通投标，损害国家、集体、公民的合法权益，情节严重的行为。

《刑法》第223条规定，投标人相互串通投标报价，损害招标人或者其他投标人利益，情节严重的，处3年以下有期徒刑或者拘役，并处或者单处罚金。投标人与招标人串通投标，损害国家、集体、公民的合法利益的，依照前款的规定处罚。另外，构成故意伤害罪（既遂）和串通投标罪（未遂）的牵连犯，应数罪并罚。

本案中，周朝先采用暴力、胁迫手段，与其他投标人串通投标，构成串通投标罪。其采用暴力手段压制其他投标人的反对，又构成故意伤害罪。对周朝先应当数罪并罚。

问题四：周朝先放狗撕咬他人构成何罪？

◇ 场景片段重现

周朝先：（低头对领头狼犬说）你应该知道你要做什么。

（领头狼犬跑到一边山坡上嚎叫，召集了众多狼犬追赶撕咬林董以及前来解救林董的方国辉等人。）

答：周朝先放狗撕咬他人构成故意伤害罪。

故意伤害罪是指故意非法损害他人身体健康的行为。

本罪的构成特征是：①侵犯的客体是他人的身体健康权利（身体的完整性与不可侵害性、生理机能、心理状态的健康等）。心理健康受损与轻重伤，一般是暴力手段造成的。人造器官，如果属于义肢等不会损害他人身体功能或者健康状况恶化的，不属于身体伤害；如果足以造成人体器官功能丧失的，应当认定为伤害；如果伤害导致妇女流产或者终止妊娠的，视为对妇女的伤害，否则不宜认定为伤害。②客观上表现为非法损害他人身体健康的行为。③本罪的主体是一般主体。④本罪的主观方面是故意。

《刑法》第234条规定，故意伤害他人身体的，处3年以下有期徒刑、拘役或者管制。犯前款罪，致人重伤的，处3年以上10年以下有期徒刑；致人死亡或者以特别残忍手段致人重伤造成严重残疾的，处10年以上有期徒刑、无期徒刑或者死刑。该法另有规定的，依照规定。

《民法典》第1246条规定，违反管理规定，未对动物采取安全措施造成他人损害的，动物饲养人或者管理人应当承担侵权责任；但是，能够证明损害是因被侵权人故意造成的，可以减轻责任。

相关案例：王某与陈某是邻居，2015年7月18日，两人因争地界发生争吵。王某的儿子王某某赶到现场后，挥拳连击陈某的胸部和头部，陈某被打后突然倒地，经抢救无效于当天死亡。经鉴定，陈某是在原有心脏病的基础上因吵架时情绪激动、胸部被打等多种因素影响，诱发心脏病，致心跳骤停而猝死。那么对王某某该如何定罪？

下面介绍三种分歧意见。

第一种意见认为，根据鉴定意见，不能确认王某某的拳击行为与陈某死亡结果之间具有刑法上的因果关系，故应宣告王某某无罪。

第二种意见认为，王某某仅具有一般殴打的意图，而没有伤害的故意，也没有杀人的故意，只是由于应该预见而没有预见，才造成陈某死亡结果的发生。因此，应定性为过失致人死亡罪。

第三种意见认为，王某某对陈某头部、胸部分别连击数拳，主观上明知自己的行为会伤害陈某的身体健康，虽然死亡后果超出其本人主观意愿，但符合故意伤害致人死亡的构成要件，应定性为故意伤害罪。

问题五：方国辉工作中劫持他人汽车是否构成犯罪？

◇ 场景片段重现

林董：（被绑在钓鱼竿上）救命呀……

（周朝先的两个下属，一个开着车，一个坐在车后指挥着绑着林董的钓鱼竿。方国辉骑着摩托车靠近车辆并寻找机会跃上了车，将车上两人都扔下了车，并且解救了林董，一路开车逃离狼犬群的追赶。）

答：方国辉工作中劫持他人汽车不构成犯罪，属于紧急避险。紧急避险是指在不得已的情况下损害另一方的合法权益以保护较大的合法权益免受正在发生的危险的行为。《刑法》第21条第1、2款规定，为了使国家、公共利益、本人或者他人的人身、财产和其他权利免受正在发生的危险，不得已采取的紧急避险行为，造成损害的，不负刑事责任。紧急避险超过必要限度造成不应有的损害的，应当负刑事责任，但是应当减轻或者免除处罚。

《刑法》第21条第3款规定，该条第1款中关于避免本人危险的规定，不适用于职务上、业务上负有特定责任的人。特定责任，是指由于法律、法规、命令等的规定或习惯，从事某类公务或业务的人员所应该承担的积极与危险斗争、通过自己的行为消除危险，保护合法权益的义务。

在职务上负有特定责任的人，由于职务的要求，在某些危险场合情况下必须坚决地与危险作斗争，不得消极地躲避，更不得为保护本人而以损害他人的方式实行紧急避险。但这一规定并不是绝对的，在符合条件的情况下，紧急避险应当被允许。

该种情况下的紧急避险除了应符合一般紧急避险的条件，还应具备以下三个条件：①避险行为发生在履行职责的过程中，行为人并未放弃其职守，仍然在积极地履行其职责，顽强地与危险进行着抗争；②行为人竭尽全力仍然无法排除危险，如果不实行紧急避险，不仅会使本人的生命健康受到严重威胁，而且会导致危险进一步扩大，造成对国家、公共利益或他人利益更加重大的损害；③避险行为对第三者权益的损害远远小于避险行为所保护的权益。例如，警察在与犯罪行为进行斗争的过程中，被数名犯罪人员殴打、追杀，为避免不必要的牺牲，警察选择跳上停放在路边的他人的汽车开车逃走。[1]

本案中，方国辉为了避免正在发生的危险，保护本人及林董等人的合法权益，使用了他人的汽车，构成紧急避险，不属于犯罪行为。

问题六：周朝先故意造成交通瘫痪构成何罪？

◇ 场景片段重现

周朝先：我要你选十个交通据点，同一时间发动公司的司

---

〔1〕 参见"紧急避险"，载百度百科 https://baike.baidu.com/item.

机向对方挑衅，造成交通瘫痪。三炮。

三炮：大哥。

周朝先：你调动"十大天王"，各领三个小组，立刻赶到这三个点支援关爸。你自己带队，赶到福和桥。

三炮：知道。

周朝先：记住，福和桥是主要战场，这十个点只是配线。

三炮：大哥，我知道。

答：周朝先故意造成交通瘫痪，构成聚众扰乱公共场所秩序、交通秩序罪以及聚众斗殴罪。

聚众扰乱公共场所秩序、交通秩序罪是指聚众扰乱车站、码头、民用航空站、商场、公园、影剧院、展览会、运动场或者其他公共场所秩序，聚众堵塞交通或者破坏交通秩序，抗拒、阻碍国家治安管理工作人员依法执行职务，情节严重的行为。

《刑法》第291条规定，聚众扰乱车站、码头、民用航空站、商场、公园、影剧院、展览会、运动场或者其他公共场所秩序，聚众堵塞交通或者破坏交通秩序，抗拒、阻碍国家治安管理工作人员依法执行职务，情节严重的，对首要分子，处5年以下有期徒刑、拘役或者管制。《刑法》第290条第1款规定，犯本罪的，对首要分子处3年以上7年以下有期徒刑；对其他积极参加的，处3年以下有期徒刑、拘役、管制或者剥夺政治权利。《集会游行示威法》第29条第5款规定，占领公共场所、拦截车辆行人或者聚众堵塞交通，严重破坏公共场所秩序、交通秩序的，对集会、游行、示威的负责人和直接责任人员依照《刑法》第296条的规定追究刑事责任。

本罪侵犯的客体为正常的社会秩序。具体表现为国家机关、企事业单位、人民团体、医疗单位正常的工作秩序、生产经营秩序、教学科研秩序和医疗秩序。本罪在客观方面表现为聚众扰乱社会秩序，情节严重，致使工作、生产、营业和教学、科研、医疗无法进行，造成严重损失的作为。聚众，指首要分子发动、纠合3人以上，在同一地点聚集。扰乱，指对国家机关、企业、事业单位、人民团体、医疗单位的正常工作、生产、营业和教学、科研、医疗秩序进行干扰、破坏。本罪的主体为年满16周岁且具有刑事责任能力的聚众扰乱社会秩序的首要分子和积极参加者。本罪的主观方面为聚众扰乱社会秩序的故意。

有下列行为之一，并且情节严重的，应当予以立案：①聚众扰乱车站、码头、民用航空站、商场、公园、影剧院、展览会、运动场或者其他公共场所秩序；②聚众堵塞交通或者破坏交通秩序；③抗拒、阻碍国家治安管理工作人员依法执行职务。[1]

聚众斗殴罪是指基于私仇宿怨、争霸一方或者其他藐视法纪的动机，在首要分子的组织、策划、指挥下结伙成帮地进行殴斗，破坏公共秩序的行为。

《刑法》第292条规定，聚众斗殴的，对首要分子和其他积极参加的，处3年以下有期徒刑、拘役或者管制；有下列情形之一的，对首要分子和其他积极参加的，处3年以上10年以下有期徒刑：①多次聚众斗殴的；②聚众斗殴人数多，规模大，社会影响恶劣的；③在公共场所或者交通要道聚众斗殴，造成社会秩序严重混乱的；④持械聚众斗殴的。聚众斗殴，致人重伤、死亡的，依照《刑法》第234条、第232条的规定定罪处罚。

---

〔1〕 参见"聚众扰乱公共场所秩序、交通秩序罪"，载百度百科 https://baike.baidu.com/item。

本罪侵犯的客体为公共秩序，即根据法律和社会公德确立的各项共同生活规则所维持的社会正常生活状态。公然藐视法纪和社会公德，破坏公共秩序，是本罪的本质特征。本罪在客观方面表现为聚众斗殴的行为。所谓聚众，是指首要分子通过组织、策划、指挥，将3人以上纠集在一起。所谓斗殴，是指双方成帮结伙地进行打斗，且通常事先约定并携带器械。本罪的成立不以造成人身伤害等严重后果为构成要件。本罪的主体为年满16周岁且具有刑事责任能力的聚众斗殴的首要分子和其他积极参加者，一般参加斗殴的人员不成立聚众斗殴罪。本罪的主观方面为聚众斗殴的故意，并且行为人必须是出于报私仇、泄宿怨或者其他不正当的目的。

聚众斗殴罪的认定：

第一，区分聚众斗殴罪与群众间因民事纠纷而发生的一般打斗行为的界限。对于群众间因日常生活中产生的民事纠纷激化而发生的多人之间的打斗，不宜以本罪论处。对于山区或少数民族地区村寨之间因土地、山林、水源等纠纷而发生的双方结伙殴斗行为，不宜按本罪论处。

第二，单方殴斗行为是否构成聚众斗殴罪。按照江苏省高级人民法院、江苏省人民检察院、江苏省公安厅《关于办理涉枪涉爆、聚众斗殴案件具体应用法律若干问题的意见》的规定，单方的聚众斗殴行为可以认定为聚众斗殴罪。聚众斗殴犯罪中只要其中一方主观上是为了达到显示、炫耀武力，争霸一方，抢占地盘等目的，客观上纠集众人、结伙殴打另一方，不论对方是否与之互殴，均符合本罪的犯罪构成，该方积极参加者均可构成聚众斗殴罪。

第三，聚众斗殴罪与故意伤害罪、故意杀人罪的界限。聚众斗殴行为常常会造成人身伤亡的严重后果，但能为聚众斗殴罪所涵盖的只能是致人轻伤的后果。如果聚众斗殴行为致人重伤、死亡的，则应根据《刑法》第292条第2款的规定，以故意伤害罪或故意杀人罪定罪处罚。

第四，不满3人而参与斗殴是否构成聚众斗殴罪。江苏省高级人民法院、江苏省人民检察院、江苏省公安厅《关于办理涉枪涉爆、聚众斗殴案件具体应用法律若干问题的意见》对此持肯定意见。这一意见从法理上分析并不妥当，因为聚众斗殴罪的客观行为具有复合性，包含"聚众"与"斗殴"两个连续的行为，两者有机联系、缺一不可。

周朝先故意造成交通瘫痪，同时，还组织聚众斗殴，构成聚众扰乱公共场所秩序、交通秩序罪和聚众斗殴罪，应当数罪并罚。

问题七：传媒在推动社会进步中发挥着何种作用？

◇ 场景片段重现

（一）

崔妙香：别站在那边胡乱说！你有种的话，就跟我到妈祖庙，在妈祖庙前斩鸡头，我跟你讲，我发毒誓，我老公从来就没有做过这种事，如果他有的话，我崔妙香横尸街头受万人践踏，可是你也要发毒誓，如果你有故意讲话中伤他的话，我叫你不得好死，绝子绝孙！

丁宗树：喂喂喂喂喂，这不是我讲的，这是报纸上写的。

丁宗树属下：这是报纸刊的，大家都知道！

（二）

凌飞：现在是凌飞在现场，为你所做的直击报道，有关周朝先的逃亡路线，而在身后你所见的，就是护着他逃跑的三十多部不同类型的车辆，他们现在正由佳东高速公路往南方向逃跑。

周朝先：（车内）所有弟兄准备，我发现前面有传媒。

答：传媒有利于扩宽百姓群众对违法犯罪行为进行监督的途径，在一定程度上加大了打击官员腐败行为的力度，有利于国家的民主法治建设，是公民参与民主法治建设的重要环节和重要渠道。媒体工作者应该对社会各界的发展进行实时监督，当出现违法犯罪行为时，也应该立刻进行最真实的报道，并将这种行为不加隐瞒、不添油加醋，保证事实的完整性、真实性发布在相关的主流媒体上，以告知社会大众，让进行违法犯罪行为的犯罪分子尽快受到法律相应的制裁。

拓展与思考

"保护伞"的垮掉

2014年11月4日，一段陕西省一村支书率领众人围殴警察的视频，在网上广为传播。随着事件的发酵，这个名叫葛某某的村支书，因涉嫌四宗犯罪，被司法机关调查。然而葛某某最终仅以妨害公务犯罪获刑1年零9个月。

早在葛某某暴力袭警之后，西安市公安局未央分局就进行了立案。后来案件提级，由西安市公安局刑侦局办理。当年的调查案卷显示，葛某某涉嫌非法侵入住宅罪、盗窃罪、强迫交易罪以及妨害公务罪四项犯罪。除妨害公务罪,其他三宗犯罪,检察院都以证据不足,两次退回公安机关补充侦查。可是,补充哪些内容,补充侦查提纲中并未写明。案件到了公安机关之后,便悬置了起来。

中央扫黑除恶督导组,进驻陕西之后,葛某某感受到了扫黑除恶的凌厉攻势,一路潜逃至广西边境。2019年6月7日,葛某某被民警控制,随后,他被带回西安。

村民郑某说,葛某某回到村里的时候,治安办依然牢牢掌控在他手中,为了扶持王某当上村支书,葛某某指挥手下拿着选票箱上门,村民也只能照来人的授意投票,结果自然是如他们所愿。

经过八个多月的全面调查,专案组克服重重困难,终于掌握了以葛某某为首的黑社会性质的组织自1999年起所犯下的违法犯罪事实。刑事案件卷宗超过450本,装了整整32箱。

2020年9月4日,陕西省西安市鄠邑区人民法院作出一审宣判。葛某某犯组织领导黑社会性质组织罪等15项罪名,被判处有期徒刑24年,剥夺政治权利4年,并处没收个人全部财产。其他黑社会性质的组织的成员,分别被判处15年至1年零9个月不等的有期徒刑,十名充当"保护伞"的人员,以包庇、纵容黑社会性质组织,受贿等罪,获刑3年至16年不等的有期徒刑。与此同时,对该黑社会性质的组织的骨干成员,全部判处没收个人财产,没收其他人员的非法所得,并处罚金。[1]

---

[1] 参见《今日说法》2022年1月23日——"'保护伞'的垮掉"。

◇ 思考题

一、葛某某指挥手下强迫村民按照他的意愿投票，构成何罪？

二、中央扫黑除恶督导组进驻陕西之后，葛某某一路潜逃至广西边境，其是否构成犯罪？

三、葛某某的"保护伞"帮助其更方便地违法行事的行为，构成何罪？

第二章
《最爱》

导　　演：顾长卫
编　　剧：言老施、杨薇薇、顾长卫
上映时间：2011 年 5 月 10 日
出品公司：星美（北京）影业有限公司、兴隆环球集团有限公司、北京和禾和文化传媒有限责任公司等

主演介绍：

章子怡（饰商琴琴），1979 年 2 月 9 日出生于北京市，中国电影女演员，2000 年毕业于中央戏剧学院。1998 年，被张艺谋发掘，主演电影《我的父亲母亲》而成名，该片荣获第 50 届柏林国际电影节银熊奖。

郭富城（饰赵得意），1965 年 10 月 26 日出生于中国香港地区，华语流行男歌手、演员、舞蹈总监，也是华语歌坛劲歌热舞代表人物之一。

濮存昕（饰赵齐全），1953 年 7 月 31 日出生于北京市，汉族，祖籍南京市溧水区，中国男演员。

陶泽如（饰老柱柱），1953 年生于江苏省南京市。中国影视男演员，国家一级演员，南京艺术学院影视学院院长，江苏省电影家协会主席，江苏省文联副主席。

导 读

剧情故事发生在20世纪90年代初。一个小男孩在放学路上捡到一个大番茄,吃下去没过多久就死了。小男孩是被村民毒死的,因为村民都很痛恨他的爸爸赵齐全。早前,赵齐全煽动村民都去卖血。他因为这波采血的生意而赚了不少钱,但去卖血的村民中,大部分都感染了热病,也就是艾滋病。赵齐全的弟弟赵得意也没能幸免。娘娘庙村的村主任老柱柱,就是两兄弟的父亲。老柱柱对村民深感愧疚,在村民面前拉着赵齐全要他下跪道歉,可赵齐全却无丝毫愧疚之心,他为了钱可以不择手段。老柱柱无奈之下也只能把头哐哐地往地上磕,乞求村民原谅。

冬天来临的时候,他们决定一起搬到山上的空学校生活。没过多久,一名红衣女子出现在学校,她就是被丈夫赶出来的商琴琴。第二天,商琴琴放在床头边的大红棉袄就丢了,在大家的提议之下老柱柱也发话要搜,希望偷棉袄的人自行前往约定的地点返还棉袄。大半夜,赵得意蹲守着偷棉袄的人,可是这个人始终没有出现,于是赵得意跑到学校的楼顶继续等偷棉袄的人出现,而商琴琴也在这里蹲守着,两人便开始交流起了自己去卖血的原因。商琴琴卖血是想买一瓶城里人用的洗发水,而赵得意卖血却只是出于叛逆心理。得病的商琴琴被丈夫小海赶出了家门,而赵得意的老婆郝燕也嫌弃赵得意,于是赵得意突然有了一个大胆的提议,他想要跟商琴琴在一起。商琴琴和赵得意等了小偷大半夜,还是没有等到。第二天一早,张四叔宣称自己的小红本也不见了。一下子出了两起盗窃事件，老柱柱终于决定让大家一间一间屋子地搜。当村民搜到粮房嫂的床铺时，从她的枕头里发现了满满的一袋米，于是众人前去质问粮房嫂，粮房嫂看见后一把夺过自己的米，愤恨地向众人哭诉自己为大家起早贪黑地做饭却没要一分钱，并且自己也患上了热病。粮房嫂的话让大家哑口无言。这时，屋子外有人喊找到了，原来是在老疙瘩的房间里发现了商琴琴的红棉袄，但他不肯说盗窃的原因。这天吃饭的时候，赵得意去喊丢了红本本的张四叔吃饭，发现他手里拿着红本本。但当赵得意掀开张四叔的被子时，发现张四叔已经没有了呼吸。一时间，沉默笼罩了整个学校。

张四叔的葬礼过后，天空飘下了一场雪，春节也如期而至，学校里的人都回家了。郝燕虽然回到了赵得意家里，但其他时间基本都待在娘家。春天转眼到来了，村民们没有回到学校。但在外面生活，他们就要承受其他村民的冷眼、嫌弃，这些人要么是见到他们就跑，要么就是绕过去，反正是绝对不会再要被他们碰过的东西。面对这样的情况，他们合计着又全体搬回了学校。搬回来的第一天，赵齐全就带人拖着四袋白面送到了这里，随后拿出了油漆，在墙上喷下了卖棺材的广告。而这才是他来到学校的真实目的，他最近转行卖棺材了，而这四袋白面也只是国家的补助。此时，赵得意和商琴琴被人锁在了柴房里，村民都围着看热闹。正当村民要把锁砸开的时候，商琴琴的丈夫小海来了，还带着钥匙，他一来就把商琴琴暴打了一顿，还拿出一双破鞋，要挂在她脖子上羞辱她。就这样，小海把商琴琴带回去了，赵得意这才从柴房里狼狈地出来。两个年轻人主动找到老柱柱，向他坦白了是他们锁了赵得意和商琴琴的事

第二章 《最爱》

实,并且以郝燕还不知道赵得意和商琴琴两人的事来要挟老柱柱,让他从校长职位上退下来,为了留住郝燕,老柱柱不得不答应下来。这两个年轻人一接管学校就要将学校的东西全部变卖掉,老柱柱坚决不同意,于是他们就写了一纸辞退令炒了老柱柱,老柱柱没能拦住他们。郝燕也知道了赵得意和商琴琴的事,她搬空了家,然后回了娘家再也没有回来。而商琴琴被丈夫带回家后,婆婆也并没有让她进屋,而是将她赶了出来,并且冷漠无情地叮嘱,如果小海找到了新媳妇,她还要再回来离婚。离开婆家的商琴琴又在后山上碰到了赵得意,赵得意再次表明自己的心意。

红布盖着神秘的巨物出现在村口,一掀开是一口大大的龙头棺材,随着棺材缓缓打开,里面全是真皮的装饰。两个年轻人受到了赵齐全的蛊惑,赵齐全以赠送每人一口龙头棺材为条件,让他们去帮他偷山上的木材。而此时,老疙瘩从被卖掉的学校物品中找回来了一块黑板,并送给了老柱柱。趁此机会,老疙瘩终于说出了偷红棉袄的原因。第二天,老疙瘩如愿看见妻子穿上了红棉袄,于是心愿了却,撒手人寰。商琴琴在后山碰到赵得意之后,赵得意不让她走,两人交谈一番之后,在后山找了一个破房子就此住下了。而没过几天,商琴琴的婆婆就找上了门,她破口大骂商琴琴不知羞耻,却被赵得意无赖的态度弄得手足无措。赶走了商琴琴的婆婆之后,两人在后山过上了平静而又幸福的生活。一天,商琴琴注意到路上有人送葬,便拦下村民大嘴巴询问,原来是粮房嫂去世了。没过多久,大嘴巴也去世了。

眼看世事无常,商琴琴提出想和赵得意结婚领证,想在剩下的日子里和赵得意光明正大地在一起,想将来死了两人也能埋在一起。于是他们去求老柱柱,可事情却并不那么顺利。他们开始分头行动,赵得意带着一大堆礼品去跟郝燕提出离婚,而老柱柱找到了小海。起先小海并不同意,不过临走之时却追上来,提出了一个条件,让赵得意死后将他的大房子留给自己,那他就可以立马答应离婚。赵得意无奈之下,立下遗嘱给了小海。之后,赵得意和商琴琴搬到了一个废弃的院子里。第一天搬去的时候,有人在他们的门口留了一袋米。当天晚上,商琴琴发着高烧病倒了,赵得意在一旁尽心尽力地照顾。所幸的是,第二天,商琴琴的烧就退了,赵齐全也替赵得意拿到了结婚证。然而,面对自己患病的弟弟,赵齐全仍是恶语相向。拿到结婚证之后,赵得意和穿着一身鲜艳喜服的商琴琴,挨家挨户地发喜糖,虽然大部分村民都被他们吓跑了,但他们的开心还是溢于言表。而赵齐全又改行了,他给死去的儿子配了个冥婚,对象是县长亲戚的女儿。赵齐全指望着有了这层关系,他将来就可以开发房地产,把娘娘庙村发展成一片高档陵园。赵得意和商琴琴好景不长,赵得意发病了。深秋的夜晚,赵得意疼得在床上翻来覆去,高烧怎么都不退。看着赵得意痛苦的样子,商琴琴钻进水缸,用身体帮助赵得意降温。经过一晚折腾,赵得意保住了命,可是商琴琴却离世了,伤心欲绝的赵得意最终选择殉情离世。

第二章 《最爱》

本章核心问题

问题一：赵齐全采集血液导致很多村民感染艾滋病，构成何罪？

◇ 场景片段重现

老柱柱：你给全村人磕头，你不磕头也得赔个不是。（拉住转身要走的赵齐全）你说没有新药就没新药了！你给磕头，你磕头，你给磕头。（把赵齐全按跪在地上）你磕不磕？你给磕头！我让你卖人家的血！

回忆片段：卖血找齐全，随时随地！方便大家，价格更公道！

……………

老柱柱：就算全村的热病都是齐全采血给染上的，也求大家别再往心上记了……

答：赵齐全为了营利，以金钱诱惑、吸引村民卖血，造成了大部分村民都患上艾滋病的严重后果，他非法采血的行为构成非法采集血液制品罪。

非法采集、供应血液、制作、供应血液制品罪是指非法采集、供应血液或者制作、供应血液制品，不符合国家规定的标准，足以危害人体健康，或者对人体健康造成严重危害的行为。

《刑法》第334条第1款规定，非法采集、供应血液或者制作、供应血液制品，不符合国家规定的标准，足以危害人体健康的，处5年以下有期徒刑或者拘役，并处罚金；对人体健康造成严重危害的,处 5 年以上 10 年以下有期徒刑,并处罚金;造成特别严重后果的,处 10 年以上有期徒刑或者无期徒刑,并处罚金或者没收财产。

非法采集、供应血液、制作、供应血液制品罪要求行为人的行为必须足以危害人体健康。本罪属于危险犯。这里的足以危害人体健康,是指具有危害人体健康的现实可能性。犯非法采集、供应血液、制作、供应血液制品罪而对人体健康造成严重危害的,是本罪的实害犯。这里的对人体健康造成严重危害,是指使用不符合国家规定标准的血液、血液制品,在医疗应用中导致使用者感染严重疾病,例如,感染艾滋病毒等。犯非法采集、供应血液、制作、供应血液制品罪而造成特别严重后果的,是本罪的加重处罚事由。这里的造成特别严重后果,是指因使用不合格的血液或者血液制品而造成使用者死亡,或者致使多人感染严重的血源性传染病等。

本罪构成要件:

(1)客体要件:非法采集、供应血液、制作、供应血液制品罪侵犯的客体是复杂客体,其主要客体是国家对血液和血液制品的管理制度,次要客体是公共卫生。本罪侵犯的对象,是血液和血液制品。所谓血液,是指用于临床的全血、成分血和用于血液制品生产的原料血浆。其中原料血浆是指由单采血浆站采集的专用于血液制品生产原料的血浆。所谓血液制品,则是特指各种人血浆蛋白制品,具体而言是指将人的血液自供者采出后,用适当方法将其不同成分单个分离制成的各种制剂,从而能按不同需要输送给病人或作其他用途。血液制品主要包括人血丙种蛋球白、人胎盘血蛋白、人胎血丙种球蛋白、冻干健康血浆等。

（2）客观要件：本罪在客观方面表现为非法采集、供应血液或制作、供应血液制品，不符合国家规定的标准，足以危害人体健康的行为。具体包括以下几层含义：①必须有非法采集、供应血液或者制作、供应血液制品的行为。所谓非法，不仅指违反操作规定，而且指未经国家主管部门批准，不具有采集、供应血液或者制作、供应血液制品的资格。非法采集、供应血液或者制作、供应血液制品的行为，包括非法采集、供应血液的行为和非法制作、供应血液制品的行为。非法采集、供应血液的行为，既可以由不具备采集、供应血液的单位和个人为之，也可以由依法成立的血站、单采血浆站工作人员为之。不符合国家规定的标准，主要是相对于非法采集、供应的血液和非法制作、供应的血液制品的质量而言的。血液、血液制品质量的好坏，集中表现在有效性和安全性两方面，这是由其本身的性质和纯度而定的。有效性是发挥治疗效果的基本条件，安全性是保证其充分发挥作用而又减少损伤和不良影响的必要条件。②行为人实施非法采集、供应血液或者制作、供应血液制品的行为，客观上还必须足以危害人体健康。换言之，行为人非法采集、供应血液或者制作、供应血液制品的行为只有与他人人体健康足以受到侵害的危险状态之间具有刑法上的因果关系，才能构成本罪。

（3）主体要件：本罪的主体为一般主体，即达到刑事责任年龄并具有刑事责任能力的自然人，而单位则不能构成本罪。

（4）主观要件：本罪在主观方面只能是出于故意，即行为人明知自己违反有关操作规定，或者明知自己没有资格从事采集、供应血液或者制作、供应血液制品活动仍决意为之。

本罪认定：

（1）区分非法采集、供应血液、制作、供应血液制品罪与非罪界限时，首先要明确采集、供应血液或者制作、供应血液制品的行为必须系非法。非法包括两层含义：一是指违反国家的操作规程；二是指不具备采集、供应血液或者制作、供应血液制品的资格。如果系合法而为之则不构成犯罪。其次，非法采集、供应血液或者制作、供应血液制品的行为必须足以危害人体健康。

（2）本罪与非法组织卖血罪的界限。两罪均属于违反国家血液、血液制品管理的犯罪行为，主要区别表现在如下方面：①从客观要件看，本罪表现为非法采集、供应血液或者制作、供应血液制品，不符合国家规定的标准，足以危害人体健康的行为，属于危险犯，其行为主体为实行者；而非法组织卖血罪则表现为非法组织他人出卖血液的行为，属于行为犯，其行为主体为组织者。②从犯罪对象而言，本罪侵犯的是血液和血液制品，而非法组织卖血罪的对象只有血液。③从主观的内容而言，本罪是明知自己违反操作规程，或者不具有采集、供应血液或者制作、供应血液制品资格；而非法组织卖血罪则是明知组织他人出卖血液之行为非法。[1]

问题二：商琴琴等人钱款、衣物丢失，行为人是否构成盗窃罪？

◇ 场景片段重现

赵得意：多漂亮的红绸袄，咋能丢了呢？琴琴，你为甚不

---

〔1〕 参见"非法采集、供应血液、制作、供应血液制品罪"，载百度百科 https://baike.baidu.com/item。

放好了？

商琴琴：我就放床头了。(赵得意脱下外套想给商琴琴穿上)不用不用，我把两件毛衣都穿上了。

赵得意：爹！爹！搜！不信搜不出！

老柱柱：今天谁也不许回村，东西半夜拿出来送院里，我不追究！

答：依具体盗窃财物数额、情况定罪。

盗窃罪是指以非法占有为目的，盗窃公私财物，数额较大的，或者多次盗窃、入户盗窃、携带凶器盗窃、扒窃的行为。

《刑法》第264条规定，盗窃公私财物，数额较大的，或者多次盗窃、入户盗窃、携带凶器盗窃、扒窃的，处3年以下有期徒刑、拘役或者管制，并处或者单处罚金；数额巨大或者有其他严重情节的，处3年以上10年以下有期徒刑，并处罚金；数额特别巨大或者有其他特别严重情节的，处10年以上有期徒刑或者无期徒刑，并处罚金或者没收财产。第265条规定，以牟利为目的，盗接他人通信线路、复制他人电信码号或者明知是盗接、复制的电信设备、设施而使用的，依照《刑法》第264条的规定定罪处罚。[1]

盗窃，即秘密窃取，是指行为人采用自认为不使他人发觉的方法占有他人财物。只要行为人主观上是意图秘密窃取，即使客观上已被他人发觉或者注视，不影响盗窃性质的认定。简单地说，秘密具有主观性和相对性。盗窃的具体行为类型：第一，盗窃公私财物，数额较大。一般需要1000元以上，具体数

---

[1] 参见"盗窃罪"，载百度百科 https://baike.baidu.com/item/%E7%9B%97%E7%AA%83%E7%BD%AA/180022？fr=aladdin.

额各省不同。如果盗窃的物品价值数额与行为人所认识的数额差距很大的话，一般按照主观定数额。第二，多次盗窃。二年内盗窃三次以上的，应当认定为"多次盗窃"。第三，入户盗窃。非法进入供他人家庭生活，与外界相对隔离的住所盗窃的，应当认定为"入户盗窃"。第四，携带凶器盗窃。携带枪支、爆炸物、管制刀具等国家禁止个人携带的器械盗窃，或者为了实施违法犯罪携带其他足以危害他人人身安全的器械盗窃的，应当认定为"携带凶器盗窃"。第五，扒窃。在公共场所或者公共交通工具上盗窃他人随身携带的财物的，应当认定为"扒窃"。

本罪的主体是一般主体，即年满16周岁，具有刑事责任能力的自然人。本罪的主观方面是故意，即明知是他人或者单位所有或者持有的财物，以非法占有为目的，实施窃取财物的行为。

本罪的构成特征：①本罪侵犯的客体是公私财产所有权。犯罪对象是公私财物。②本罪在客观方面表现为以秘密窃取的方法，将公私财物转移到自己的控制之下，并非法占有的行为。

关于盗窃罪的认定：

（一）本罪与非罪的界限

区分盗窃罪与非罪的界限，关键是要确定"数额较大"的标准以及界定"多次盗窃""入户盗窃""携带凶器盗窃""扒窃"的含义。盗窃公私财物价值1000元至3000元以上、3万元至10万元以上、30万元至50万元以上的，应当分别认定为《刑法》第264条规定的"数额较大""数额巨大""数额特别巨大"。各省、自治区、直辖市高级人民法院、人民检察院可以根据本地区经济发展状况，并考虑社会治安状况，在前款规定的数额幅度内，确定本地区执行的具体数额标准，报最高人民法院、最高人民检察院批准。

盗窃公私财物，具有司法解释规定情形之一的，"数额较大"的标准可以按照前条规定标准的50%确定。

（二）盗窃财物的数额计算方法

盗窃数额是指行为人窃取的公私财物的数额。盗窃行为给失主造成的损失大于盗窃数额的，损失数额可作为量刑的情节。数额一般应当以实际损失为限。但行为人的盗窃数额和主观认识存在显著差异时，应当按照主观认识来确定。盗窃他人银行卡后，并不必然使用他人银行卡，被害人可以通过挂失来挽回损失。盗窃数额应以犯罪行为人实际使用的数额为准。盗窃他人商场购物券的，由于购物券一般不能挂失，购物券金额应当认定为盗窃数额。2013年最高人民法院、最高人民检察院《关于办理盗窃刑事案件适用法律若干问题的解释》第4条、第5条对此作了详细的规定。

（三）本罪既遂与未遂的界限

（1）理论上不同的观点：①失控说；②控制说；③失控加控制说等。

（2）本书的观点：将财物的所有人或持有人失去对被盗财物的控制作为既遂的标准（失控说）。

（3）司法实践的观点。2003年最高人民法院印发的《全国法院审理经济犯罪案件工作座谈会纪要》指出："贪污罪是一种以非法占有为目的的财产性职务犯罪，与盗窃、诈骗、抢夺等侵犯财产罪一样，应当以行为人是否实际控制财物作为区分贪污罪既遂与未遂的标准。"

（4）盗窃未遂的处理。根据司法解释规定，盗窃未遂，具有下列情形之一的，应当依法追究刑事责任：①以数额巨大的财物为盗窃目标的；②以珍贵文物为盗窃目标的；③其他情节严重的情形。盗窃既有既遂，又有未遂，分别达到不同量刑幅度的，依照处罚较重的规定处罚；达到同一量刑幅度的，以盗窃罪既遂处罚。

（四）本罪与相关犯罪的界限

（1）偷开他人机动车的处理。第一，偷开机动车，导致车辆丢失的，以盗窃罪定罪处罚；第二，为盗窃其他财物，偷开机动车作为犯罪工具使用后非法占有车辆，或者将车辆遗弃导致丢失的，被盗车辆的价值计入盗窃数额；第三，为实施其他犯罪，偷开机动车作为犯罪工具使用后非法占有车辆，或者将车辆遗弃导致丢失的，以盗窃罪和其他犯罪数罪并罚；将车辆送回未造成丢失的，按照其所实施的其他犯罪从重处罚。

（2）盗窃公私财物并造成财物损毁的处理。第一，采用破坏性手段盗窃公私财物，造成其他财物损毁的，以盗窃罪从重处罚；同时构成盗窃罪和其他犯罪的，择一重罪从重处罚；第二，实施盗窃犯罪后，为掩盖罪行或者报复等，故意毁坏其他财物构成犯罪的，以盗窃罪和构成的其他犯罪数罪并罚；第三，盗窃行为未构成犯罪，但损毁财物构成其他犯罪的，以其他犯罪定罪处罚。对容量大的财物，搬出较为困难的，一般以搬出时为既遂。在警戒严密的工厂内，将大型物体等不易搬动的财物搬出仓库藏在院墙边是未遂；用车量将他人财物加以装运，装妥就是既遂；进入他人住所、商店内盗窃体积较大的财物，将其搬出屋外是既遂。对形状较小、容易搬动的财物而言，接触该财物并控制的就是既遂。警方控制下的盗窃行为，仅成立犯罪未遂。

（3）偷拿家庭成员或者近亲属的财物的处理。偷拿家庭成员或者近亲属的财物，获得谅解的，一般可不认为是犯罪；追究刑事责任的，应当酌情从宽。

（4）单位盗窃的处理。单位组织、指使盗窃，符合《刑法》第264条及司法解释有关规定的，以盗窃罪追究组织者、指使者、直接实施者的刑事责任。

相关案例

（1）甲利用木马程序从航空公司网站、通信公司网站为自己的账户获取了很多积分。甲利用这些积分多次免费坐飞机。这些服务价值数万元。问：甲是否构成犯罪？如果构成，又构成何种犯罪？答：甲构成犯罪，构成侵入计算机信息系统罪和盗窃罪，最终认定盗窃罪。

（2）甲骑着摩托车搭着乙过山路，路面崎岖泥泞，甲便下车推着摩托车前行。这时乙提出帮忙把车骑过去，甲同意，并且紧随其后，双眼一直盯着乙。不料过了山路，乙骑着摩托车扬长而去。问：乙的行为构成何罪？答：抢夺罪或者盗窃罪。按照传统观点，定抢夺罪。

（3）菜贩刘某将蔬菜装入袋中，放在居民小区路旁长条桌上，写明"每袋20元，请将钱放在铁盒内"。然后，刘某去3公里外的市场买菜。小区理发店的店员经常好奇地出来看看是否有人偷菜。甲数次公开拿走蔬菜时假装往铁盒里放钱。问：甲的行为该如何定性（不考虑数额）？答：定盗窃罪。刘某仍然占有蔬菜，甲构成盗窃罪。

（4）2003年8月，外来农民工进入某农林科学院偷摘了葡萄47斤（价值1.122万元）。然而，这几位农民工并未认识到这些葡萄如此昂贵，认为其仅仅值100元。问：对他们盗窃的数额该如何确定？答：定 100 元。[1]

问题三：赵得意与商琴琴在没有办理离婚证和结婚证的情况下，公开同居，并以夫妻相称，是否构成重婚罪？

◇ 场景片段重现

二婶：商琴琴！你给我滚出来！

赵得意：二婶，她现在是我媳妇，有甚事，你找我！

二婶：你媳妇？没离婚，就是我小海的媳妇！我们家的媳妇！你咋这么不要脸呢，你！

赵得意：就是不要脸！我勾引的琴琴，她要回娘家，我把她拽到这儿来了，要打要骂冲我来！打够骂够，琴琴就更是我的人了！

答：赵得意与商琴琴不构成重婚罪。

重婚罪是指有配偶又与他人结婚或者明知他人有配偶而与之结婚的行为。

《刑法》第 258 条规定，有配偶而重婚的，或者明知他人有配偶而与之结婚的，处 2 年以下有期徒刑或者拘役。

根据司法实践经验，重婚行为主要有以下几种类型：①与配偶登记结婚，与他人又登记结婚而重婚，也即两个法律婚的重婚。有配偶的人又与他人登记结婚，有重婚者欺骗婚姻登记机关而领取结婚证的，也有重婚者和登记机关工作人员互相串通作弊领取结婚证的。②与原配偶登记结婚，与他人没有登记

---

[1] 上述案例节选自徐光华编著：《刑法专题讲座精讲卷》，人民日报出版社 2019 年版。

却以夫妻关系同居生活而重婚，此即为先法律婚后事实婚型重婚。③没有配偶，但明知对方有配偶而与其登记结婚或以夫妻关系同居而重婚。

本罪构成要件：

（1）客体要件：本罪侵犯的客体是一夫一妻制的婚姻关系。一夫一妻制是我国《婚姻法》规定的原则，重婚行为破坏了我国社会主义婚姻、家庭制度，必须予以刑事处罚。

（2）客观要件：本罪在客观方面表现为行为人必须具有重婚的行为。即有配偶的人又与他人结婚的，或者明知他人有配偶而与之结婚的，就构成重婚罪。1994年2月1日民政部《婚姻登记管理条例》（已失效，下同）公布实施以前，我国对事实婚采取的是限制承认主义，即有条件地承认事实婚的法律效力，所以只有事实婚具有法律效力时，才能成立事实重婚罪。1989年12月13日，最高人民法院颁布的《关于人民法院审理未办结婚登记而以夫妻名义同居生活案件的若干意见》（已失效）规定：第一，1986年3月15日《婚姻登记办法》（已失效，下同）施行以前，未办结婚登记手续即以夫妻关系同居生活，群众也认为是夫妻关系的，一方向人民法院起诉"离婚"，如起诉时双方均符合结婚的法定条件，可认定为事实婚姻关系；如起诉时一方或双方不符合结婚的法定条件，应认定为非法同居关系。第二，1986年3月15日《结婚登记办法》施行以后，未办结婚登记手续即以夫妻名义同居生活，群众也认为是夫妻关系的，一方向人民法院起诉"离婚"，如同居双方均符合结婚的法定条件，可认定为事实婚姻关系；如同居时一方或双方不符合结婚的法定条件，应认定为非法同居关系。第三，自民政部新的《婚姻登记管理条例》施行之日起，未办结婚登记即以夫妻名义同居生活，按非法同居关系对待。后《婚姻登记管理条例》公布施行，由于最高人民法院的司法解释以时间为界限对事实婚的法律效力采取了限制承认主义。因此，《婚姻登记管理条例》施行后，所有的事实婚都将被认定为非法同居关系，不存在"重婚"的问题。据此，事实婚只有被承认有法律效力时，才被确认为一种婚姻关系，也才谈得上与其他婚姻关系的重合，从而构成重婚罪。若事实婚不具有法律效力而被认定为非法同居关系，则当事人所谓的"夫妻关系"不但得不到法律的确认，反而会受到法律的制裁，因而所谓"重婚"也就无从谈起了。1994年2月1日民政部《婚姻登记管理条例》公布实施后，我国民事领域不再承认事实婚姻。但是，我国刑法追究体制仍然承认"事实婚姻"。最高人民法院《关于〈婚姻登记管理条例〉施行后发生的以夫妻名义非法同居的重婚案件是否以重婚罪定罪处罚的批复》（已失效）规定："有配偶的人与他人以夫妻名义同居生活的，或者明知他人有配偶而与之以夫妻名义同居生活的，仍应按重婚罪定罪处罚。"关于这一点，理论界存在争议，但鉴于"重婚罪"归属于《刑法》的"侵犯公民人身权利、民主权利罪"的章节下，扩大"重婚罪"的适用至"事实婚姻"似无不妥。

（3）主体要件：本罪的主体为一般主体，一是有配偶的人，在夫妻关系存续期间又与他人成立婚姻关系；二是没有配偶的人，明知对方有配偶而与之结婚。

（4）主观要件：本罪在主观方面表现为直接故意，即明知他人有配偶而与之结婚或自己有配偶而故意与他人结婚。如果没有配偶一方确实不知对方有配偶而与之结婚或以夫妻关系共同生活的，无配偶一方不构成重婚罪，有配偶一方则构成重婚罪。重婚的动机是多种多样的,有的是喜新厌旧;有的是出于贪图享乐;有的是封建思想作祟,等等。动机不影响本罪的成立。

本罪认定:重婚是一个非常复杂的现象,在处理重婚案件时,罪与非罪的界限往往难以区分。

应从以下几个方面来区分重婚罪罪与非罪的界限:

(1)要区分重婚罪与有配偶的妇女被拐卖而重婚的界限。

(2)要区分重婚罪与临时姘居的界限。

(3)从情节是否严重来区分重婚罪罪与非罪的界限。

在实践中,重婚行为的情节和危害有轻重大小之分。根据《刑法》第13条的规定,"情节显著轻微危害不大的,不认为是犯罪"。所以,有重婚行为,并不一定就构成重婚罪。只有情节较为严重,危害较大的重婚行为,才构成犯罪。根据立法精神和实践经验,下面两种重婚行为不构成重婚罪:①夫妻一方因不堪虐待外逃而重婚的。实践中,由于封建思想或者家庭矛盾等因素的影响,夫妻间虐待的现象偶有发生。如果一方,尤其是妇女,因不堪虐待而外逃后,在外地又与他人结婚,由于这种重婚行为的动机是为了摆脱虐待,社会危害性明显较小,所以不宜以重婚罪论处。②因遭受灾害外流而与他人重婚的。因遭受灾害在原籍无法生活而外流谋生的,一方知道对方还健在,有的甚至是双方一同外流谋生,但迫于生计,而不得不在原夫妻关系存在的情况下又与他人结婚。这种重婚行为尽管有重婚故意,但其社会危害性不大,也不宜以重婚罪论处。[1]

---

[1] 参见"重婚罪",载360百科 https://baike.so.com/doc/5389830-5626430.html。

本案中，赵得意与商琴琴所谓的"婚姻"既不属于法律婚也不属于事实婚。事实婚是指男女双方没有进行结婚登记对外以夫妻名义长期共同生活，并且其他人也认为他们是夫妻关系的情形。在电影中，商琴琴和赵得意只是短期共同生活，所以不属于事实婚，二人并不构成重婚罪。

问题四：赵得意与商琴琴办理结婚证需要达到什么条件、需要如何履行程序？

◇ 场景片段重现

（一）

商琴琴：我们俩要是不去，大哥能把证领回来不？

赵得意：大哥甚不能，领个证算甚。立秋了，别用冷水擦身子。（敲门声）哥？没准儿是哥。

（二）

商琴琴：赵得意，商琴琴，自愿结婚，符合《中华人民共和国婚姻法》关于结婚的规定……

答：电影中商琴琴和赵得意的结婚，并不符合结婚登记程序。因为两人作为当事人没有亲自到婚姻登记机关提出申请，违反《民法典》第1049条"要求结婚的男女双方应当亲自到婚姻登记机关申请结婚登记"的规定。

结婚证是婚姻登记机关签发的证明婚姻关系有效成立的法律文书。

相关法条规定：《民法典》第1046条规定，结婚应当男女双方完全自愿，禁止任何一方对另一方加以强迫，禁止任何组织或者个人加以干涉。第1047条规定，结婚年龄，男不得早于22周岁，女不得早于20周岁。第1048条规定，直系血亲或者三代以内的旁系血亲禁止结婚。第1049条规定，要求结婚的男女双方应当亲自到婚姻登记机关申请结婚登记。符合该法规定的，予以登记，发给结婚证。完成结婚登记，即确立婚姻关系。未办理结婚登记的，应当补办登记。第1050条规定，登记结婚后，按照男女双方约定，女方可以成为男方家庭的成员，男方可以成为女方家庭的成员。第1051条规定，有下列情形之一的，婚姻无效：①重婚；②有禁止结婚的亲属关系；③未到法定婚龄。第1052条规定，因胁迫结婚的，受胁迫的一方可以向人民法院请求撤销婚姻。请求撤销婚姻的，应当自胁迫行为终止之日起1年内提出。被非法限制人身自由的当事人请求撤销婚姻的，应当自恢复人身自由之日起1年内提出。第1053条规定，一方患有重大疾病的，应当在结婚登记前如实告知另一方；不如实告知的，另一方可以向人民法院请求撤销婚姻。请求撤销婚姻的，应当自知道或者应当知道撤销事由之日起1年内提出。第1054条规定，无效的或者被撤销的婚姻自始没有法律约束力，当事人不具有夫妻的权利和义务。同居期间所得的财产，由当事人协议处理；协议不成的，由人民法院根据照顾无过错方的原则判决。对重婚导致的无效婚姻的财产处理，不得侵害合法婚姻当事人的财产权益。当事人所生的子女，适用该法关于父母子女的规定。婚姻无效或者被撤销的，无过错方有权请求损害赔偿。

男女双方在符合《民法典》规定的结婚条件下可以登记结婚。结婚证办理的程序，可分为申请、审查、登记三个步骤：

（1）申请。要求结婚的男女双方，须持本人户口证明、居民身份证、本人无配偶以及与对方当事人没有直系血亲和三代以内旁系血亲关系的签字声明。共同到一方户口所在地的婚姻登记机关申请结婚登记。申请登记的时候男女双方必须同时在场。如果是离过婚的还应当持离婚证。在实行婚前检查的地方还应该持有医院的婚前检查证明。

（2）审查。登记机关对于双方当事人的结婚申请审查，在必要时，可以要求当事人提供有关的证明材料，或进行必要的调查，或指定项目进行医学上的鉴定。

（3）登记。婚姻登记机关经审查后，认为符合结婚条件的，准予登记，发给结婚证。婚姻登记机关不予登记的，应当出具书面说明，说明不予登记的理由。登记地点：男女一方户口所在地的婚姻登记机关。需携带证明：①居民身份证。②户口簿（或者集体户籍证明）。③婚姻状况证明。固定工、离退休职工由所在单位出具，待业、个体无业人员由居（村）委会出具，待业人员、个体户还应提供劳动手册（或执照）。④二寸彩照3张。本人近期正面免冠二寸单人彩照3张，双方照片颜色统一。⑤再婚当事人的特殊证明（另外需持相关证明）。离婚证书或解除夫妻关系证明，或法院调解书，或法院离婚判决书。持初级法院判决书的，还需带好初级法院判决生效的证明。⑥因私出境人员的特殊证明（另外需持相关证明）。我驻外使、领馆认证（或公证）的在国外期间的婚姻证明。⑦因私出境回国定居者的特殊证明（另外需持相关证明）。如不在国外期间的婚姻状况证明，可持经公证的本人在国外的未婚证明书。

结婚登记条件：①男女双方必须自愿结婚。②结婚年龄规定，男年满22周岁，女年满20周岁。③双方均无配偶（未婚、离婚、丧偶）。④双方没有直系血亲和三代以内旁系血亲关系。

结婚登记程序：①要求结婚登记的男女双方持所需证件共同到一方常住户口的区、县级市民政局（或镇人民政府）的婚姻登记机关提出申请。申请补办结婚登记或复婚登记的，按照结婚登记程序办理。②双方当事人亲自到婚姻登记机关提出申请，各填写一份《申请结婚登记声明书》。③双方当事人必须在婚姻登记员面前亲自在《申请结婚登记声明书》中"声明人"一栏签名或按指印。④婚姻登记机关对双方提交的证件、声明进行审查，符合结婚登记条件的，准予登记。[1]

问题五：为了配冥婚，赵齐全找来了一具女尸，如果得到了该女性死者亲属的同意，是否构成侮辱尸体罪？

◇ 场景片段重现

赵齐全儿子（旁白）：也是这一天，我也结婚了，就在山的另一边。我爹给我找了个妇女当媳妇，他们要带我到很远的县城里。

答：电影中，赵齐全得到了该女性死者亲属的同意，将其与自己死去的儿子配冥婚，其间只是利用了该具女尸，并没有对其进行侮辱、故意毁坏等行为，所以并不构成侮辱尸体罪。

盗窃、侮辱、故意毁坏尸体、尸骨、骨灰罪是指盗窃、侮辱、故意毁坏尸体、尸骨、骨灰的行为。

《刑法》第 302 条规定，盗窃、侮辱、故意毁坏尸体、尸骨、骨灰的，处 3 年以下有期徒刑、拘役或者管制。

所谓侮辱尸体，是直接对尸体施加凌辱等各种行为方式的

---

[1] 参见 https://news.66law.cn/ask/11185060.aspx.

概括，并不以公然为必要，可以是暴力行为，也可以是非暴力行为。具体而言，一般包括以下几种行为方式：

（1）毁损，即对于尸体予以物理上或者化学性的损伤或破坏。既包括对整具尸体的毁损或者破坏，也包括对尸体一部分的损坏，比如，焚烧、肢解、割裂或者非法解剖，毁损死者的面容，取走脑浆等均构成毁损。从时间要求上讲，行为人必须于被害人死亡后对其尸体加以损坏，否则如果被害人尚未死亡，其损坏行为构成杀人行为的一部分，不能以本罪论处。

（2）猥亵尸体，即对尸体加以污秽侮辱或者有轻蔑的行为。比如奸尸或者剥夺其衣物，使之暴露于众，在尸体上进行涂划乃至鞭尸；抠摸尸体阴部、向尸体吐唾液、涂抹不洁之物等均属猥亵行为。

（3）以刺激遗属感情的方法处理或者不法处理尸体。这种行为方式伤害了死者亲友的感情，有伤社会风化。

（4）采用悖逆传统葬俗或宗教葬习的方法来掩埋、处理尸体。不同的民族各有其独特的丧葬习惯，如果行为人明知掩埋处理尸体有违民风习俗，有伤民族感情而仍故意加以为之，显属侮辱尸体行为。例如，不殓以棺、将尸体抬放河中、沉尸海港、将尸体弃置人迹罕至的沼坑、将尸体直立埋葬等。上述行为如果为当地少数民族习俗所允许者除外。因此，对这类行为方式的认定应因不同民族的不同习俗而异。

（5）其他形式的侮辱尸体的行为。如抛弃尸体、葬后无故挖开棺木、敞露尸体乃至其他形式的玷污尸体、出卖尸体、非法使用尸体的行为。[1]

---

[1] 参见"侮辱尸体罪"，载百度百科 https://baike.so.com/doc/7185405-7409526.html。

拓展与思考

致命输血

2001年左右,刘金凤(化名,下同)女士突然出现了一系列的身体不适,经常咳嗽、发烧、喉咙痛。2002年9月,她在郑州市医院检查出感染了艾滋病。医生告诉她,手术输血导致患病的可能性很大,刘金凤提到,1995年,自己因做引产手术入住巩义市人民医院,住院期间输过血。

在巩义市人民医院,曾经给刘金凤做手术的医生告诉记者,当时刘金凤是胎盘滞留体内必须做子宫切除手术,只有输血才能保住性命,所以医院从4个人身上采血900毫升输入刘金凤的体内。

刘金凤提出要将巩义市人民医院告上法庭。起先,刘金凤全家人反对,他们对于艾滋病有很大的顾忌,不想让村里人知道。但是,巨额的治疗费用让他们改变了主意。刘金凤走上法庭向医院索赔各项医疗费用和精神损失费共计45万余元。

河南省巩义市人民法院受理了此案。该法院在2003年4月第一次对此案进行了审理。而被告医院认为刘金凤没有证据证明艾滋病是医院输血造成的,并且认为他们是为了保住刘金凤女士的性命才采取了输血的决定。

相关专家科普到,按照现在医学的观点,艾滋病的潜伏期是两年到十年,但是艾滋病的传播途径是多种的,输血是其中一个途径,还有性传播、母婴传播等,所以要判断刘金凤是不是一定是输血引起的,还要分析当时的情况。

法院的法官提出,这类案件适用举证责任倒置原则,也就是由医院来举证，被告巩义市人民医院拿不出证据证明刘金凤不是因手术输血感染的艾滋病。于是法院一审判决，责令被告巩义市人民医院赔偿刘金凤已发生的治疗费用 1.8 万余元，精神损失费 25 万元。

被告医院后又上诉至郑州市中级人民法院。被告医院把当时给刘金凤供血的 4 个人的血样做血液分析，结果是四个人的 HIV 都是阴性，不是艾滋病毒携带者，因此被告医院认为这证明刘金凤感染艾滋病与医院的输血行为无关。

法院指出，在诉讼中，医院既没有提供 4 个供血人当时的基本状况和健康状况的证据，也没有证明医疗行为与刘金凤的损害结果之间不存在因果关系。庭审中，医院提供了当时的病历记录，可记录上只写着这 4 个人的名字。根据当时的《采供血机构和血液管理办法》的规定，献血人必须提供居民身份证和《献血证》，采血的医院必须对这些情况进行登记。

二审法院认可了一审法院判决认定的医院侵权事实，但将精神损失费改为 8 万元。

2004 年，刘金凤再次把巩义市人民医院告上法庭，仍以自己无辜患病为由要求赔偿。2004 年 8 月，巩义市人民法院再次以简易程序受理刘金凤诉巩义市人民医院案，并判决刘金凤胜诉，由医院赔偿 2003 年到 2004 年刘金凤实际发生的医疗费用 10 万余元。2005 年 5 月，巩义市人民法院第三次受理刘金凤的诉讼，判决由医院赔偿 2004 年到 2005 年刘金凤实际发生的医疗费用 9 万余元。

2004 年 5 月 1 日起执行的最高人民法院《关于审理人身损害赔偿案件适用法律若干问题的解释》第 19 条第 2 款规定，医疗费的赔偿数额，按照一审法庭辩论终结前实际发生的数额，确定其他后续治疗费用。赔偿权利人可以待实际发生后另行起诉。但是，刘金凤必须要有医疗部门开出的诊断证明，从而确实其所诉赔偿是治疗疾病需要的，且要经过当地医务部门的批准。[1]

◇ **思考题**

一、当刘金凤证明了被告医院和她之间存在着医患合同关系后，这个举证责任由哪方来承担？

二、被告医院不正规的输血行为导致刘金凤感染了艾滋病，构成何罪？

三、我国法律明确规定，不支持同一案件的重复起诉行为。那么刘金凤的行为是否构成重复起诉？

---

[1] 参见《今日说法》2006年——"致命输血"。

第三章
《三块广告牌》

导　　演：马丁·麦克唐纳
编　　剧：马丁·麦克唐纳
出品时间：2017 年
出品公司：美国福斯探照灯公司等
主演介绍：

弗兰西斯·麦克多蒙德（饰米尔德里德），1957 年 6 月 23 日出生于美国伊利诺伊州芝加哥市，美国女演员、制作人，毕业于耶鲁大学。2018 年，凭借犯罪喜剧电影《三块广告牌》获第 75 届金球奖电影类剧情片最佳女主角奖。

山姆·洛克威尔（饰狄克森），1968 年 11 月 5 日出生于美国加利福尼亚州戴利城，美国男演员、制片人，毕业于旧金山 Ruth Asawa 艺术学院。2018 年，凭借犯罪喜剧电影《三块广告牌》获得第 75 届金球奖电影类最佳男配角奖。

伍迪·哈里森（饰威洛比），1961 年 7 月 23 日出生于美国得克萨斯州米德兰市，美国男演员。2017 年，出演电影《三块广告牌》，凭借该片获得第 90 届奥斯卡金像奖最佳男配角提名。

导 读

  在美国密苏里州的一座小镇上，米尔德里德·海耶斯（弗兰西斯·麦克多蒙德饰）是一位失去女儿的母亲，然而女儿遇害的案件却迟迟未曾了结，凶手依然逍遥法外。眼看着希望随着时间的流逝而慢慢消逝，这位做事果决的母亲，与小镇上碌碌无为的警察之间的矛盾日渐尖锐。她决定借用小镇郊外也是女儿遇害之地的三块广告牌向负责该案的警长发起质问——"爱女被强奸致死""凶手至今逍遥法外""怎么回事？威洛比警长"。作为被直接质问的对象——威洛比，他是一位正义质朴的警长，深受小镇人的爱戴与支持。但在处理米尔德里德女儿的案件上，因为线索不足，再加上自己身患癌症的缘故，他力不从心，因此迟迟未能破案。在广告牌完成后，这件事情开始在平静的小镇上掀起波澜。先是脾气暴躁的狄克森警官去威胁、恐吓刊登广告牌的米尔德里德。后来米尔德里德利用媒体的力量让三块广告牌的影响力进一步扩大，小镇上的人们都开始关注这件事。米尔德里德的儿子在学校受到同学们的排挤，神父亲自上门劝说米尔德里德"在这件事上，没人支持你"。米尔德里德则以"瘾帮与血帮"为例反驳神父的言论。威洛比警长亲自上门表达自己的无奈，他向米尔德里德诉说线索不足，找不到与凶手DNA匹配的嫌疑人。米尔德里德说"如果是我，我就会建立一个基因库，将全国八岁以上的男孩的DNA录入进去，这样一旦发生犯罪，就可以作比对了"。威洛比警长也只能无奈地说"民法典不会允许的"。威洛比警长还告诉米尔德里德自己患了癌症,但是米尔德里德表示已经知道,她不会因此就撤掉广告牌。威洛比警长在生命的最后接受督促,开始再次寻找强奸案的凶手。牙医作为威洛比警长的朋友对此很是气愤,在米尔德里德来看病时对她多有怠慢,并且向其表明自己的立场。米尔德里德也用电钻在牙医的大拇指上钻了一个洞作为回应。警方随后立即将米尔德里德抓捕了,但因为缺乏证据最终将其释放。不久,威洛比警长的身体也到达极限了。威洛比警长与家人度过了美好的一天,最后在一个深夜里选择开枪自杀。在他生命最后的时间里,他为米尔德里德支付了广告牌的租金,并给狄克森留下了一封信。狄克森,是一个脾气暴躁的警察。因为威洛比警长的死十分愤怒,还殴打了韦尔比,将其残忍地从二楼扔了下去,然后就被新上任的警长撤职了。他也因此更加自暴自弃,烧了三块广告牌。但这一举动不仅没有让整个事件恢复平静,反而激怒了米尔德里德,使她做出了更为偏激的报复举动——火烧警察局。在火烧警察局时,狄克森正在警局内阅读威洛比留给他的信。这封信使狄克森认识到了自己身为警察的职责。但此时,他没有及时发现窗外的火势,导致受困于火势之中并被严重烧伤。而作为纵火犯的米尔德里德却因为证据不足而没有被逮捕。重拾警察信念的狄克森,在深夜的酒吧遇见了一个疑似凶手的人。为了侦破案件,狄克森故意激怒那个男人,然后忍着殴打拿到了那个男人的 DNA。在同一个夜晚,米尔德里德也因为前夫女友的一句"愤怒只会带来更大的愤怒"而陷入沉默。DNA 比对的结果出人意料——DNA 完全不符。狄克森从与新警长的对话中了解到了这个案子,他们已经无能为力。但是狄克森告诉米尔德里德那个男人的住址,并且坚信他是个强奸犯。狄克森和米尔德里德二人带上枪共同前往爱达荷州。最后他们是否成功杀死疑似强奸犯的男人，不得而知。

本章核心问题

问题一：这部电影启示我们该如何治理腐败？

◇ 场景片段重现

（在警局里，狄克森坐在警长的办公桌前，警长走了进来。）

警长：你做得很好，狄克森。做得相当好。但是他不是凶手。

狄克森（一脸不可置信）：什么！

警长：他的 DNA 并不匹配，不匹配任何这类罪行，事实上，不匹配任何罪行。他的档案是干净的，也许他只是在吹牛。

狄克森：他可不仅仅是吹牛。

警长：哦，那可说不准，但安吉拉遇害那天，他根本不在国内。

狄克森：那他在哪里？

警长：我看过他的入境和出境的记录，也和他的指挥官谈过，他当时不在国内，狄克森，他不是我们要找的人。

狄克森：不过，他，他也许不是我们要找的人，但他还是做了坏事。

警长：至少没在密苏里州做。

狄克森：他当时在哪里？

警长：那可是机密信息。

狄克森：噢，拜托！

警长：如果这家伙上面有指挥官。如果她九个月前才回国，如果他去了哪个国家都属于机密信息？你说他去的会是哪个国家呢？

狄克森：嗨，你知道……

警长：我可以给你一点提示。那里是沙漠。

狄克森：这并没有缩小答案范围。

警长：你只需要知道他对安吉拉没意思，没有下手就够了。当然，我们会继续追查的。

（狄克森听了之后，陷入了沉默。他与警长看着对方，狄克森最终明白了什么，把自己的警徽放在桌子上。警长疑惑地看着他。）

狄克森：我最后还是找到了我的警徽。

（说完，狄克森离开了警局。）

答：这部电影启示我们用公开来治理腐败。在这段剧情中，是他们离找到凶手最近的一次。曾到米尔德里德工作的精品店里挑衅的男人，在深夜酒吧的角落洋洋得意地说出了自己的经历，近乎一样的时间，近乎一样的犯罪手法。种种线索都在告诉我们一个事实——他就是凶手！狄克森利用自己的机智，经受了殴打才采集到的 DNA，最后却只能得到这样一个结果，完全错开的时间，完美的不在场证明，不能被知道的机密信息，这些仿佛都在说"这个男人只是在吹牛，他不是凶手"。是这样吗？电影是想告诉我们"他不是凶手"吗？恰恰相反，电影告诉了我们另一个凶手，也是让这起案件难以侦破的凶手——腐败！不管那个强奸犯是否有完美的犯罪手法导致的完美的不在场证明，但他一定拥有一个足够强大的保护伞。

（一）腐败有什么危害？

腐败，一般是指公职人员在职位上作风不正、行为不正而引起的政治和社会问题。在日常生活中，看到"腐败"二字，你会想到什么？国家工作人员利用公款吃喝玩乐，将国家与人民的财产用于满足自己的消费享受。这些公款私用的行为令人不齿，但是比公款私用更严重的行为是——公权私用。利用公权力为自己谋利，也侵犯着他人的利益。这种行为导致了不公现象频发，更导致压迫行为多发。2019年，著名的孙某果案件就让人对于"腐败"有了更为深刻的认识。恶贯满盈的孙某果有其母亲孙某予和其继父李某忠这两把保护伞。其在1998年犯下强奸、故意伤害、寻衅滋事等罪，一审被判处死刑，但在这两把保护伞的一系列运作下，孙某果的刑罚由死刑改判死缓，再变成20年有期徒刑，最后他在监狱里只待了12年。2010年起，孙某果以"李某宸"之名在狱外活动。这个案件是云南省昆明市司法系统由上而下的一场腐败。腐败把那些罄竹难书的罪行就这样简单概括在了12年的有期徒刑里。腐败把那些被无情剥夺的生命、那些被彻底摧毁的幸福、那些声嘶力竭的哭喊就这样一笔带过了。孙某果案件虽然触目惊心，但腐败的危害却不止如此。在国家层面上，腐败会严重破坏国防安全，导致社会风气腐化，导致官场产生官官相护、官僚主义、浮夸风气等现象。在社会层面上，腐败会导致社会矛盾激化，贫富悬殊，社会问题暴露。腐败会孕育由作风不正而产生的结党营私、漠视或侵害弱势群体最基本的生存利益和违背立法原始精神内涵、徇私枉法、过度暴力执法、颠倒黑白等各种犯罪，也会使官员利用出身背景、政治地位、经济权力、熟人关系进行贪污枉法，吃喝享乐。腐败会严重侵蚀国家和人民的基本利益、危害国家政治安全、破坏党的声誉、影响社会稳定,并最终导致社会退化。

(二)我们该如何治理腐败?

第一,加强反腐倡廉教育和廉政文化建设,让人们在思想上树立廉洁的观念。全面加强防治腐败体系建设。健全权力运行制约体系,加强反腐败国家立法,加强反腐倡廉党内法规制度建设,深化腐败问题多发领域和环节的改革,确保国家机关按照法定权限和程序行使权力。要加强对权力运行的制约,把权力关进制度的笼子里。[1]

第二,政务公开。让权力在阳光下运行,公开是最好的防腐剂!权力缺乏有效监督是腐败滋生和蔓延的重要原因,政务公开的重要目的是防止权力被滥用而产生腐败。权力在本质上具有公共性,服务于公共利益,权力的运行应当受到群众的监督。

问题二:共同犯罪

◇ 场景片段重现

(在米尔德里德的家里)

神父:我来就是想和你谈谈这些事。

米尔德里德:那谈吧!

神父:米尔德里德,我知道过去这一年你有多伤心,我们都不好过。你有任何需要,我们都会支持你,一直都会。但镇上的人也都知道,威廉·威洛比是怎样的一个人,所以大家都强烈反对你在那些广告牌上写的话。

---

[1] 参见"善于用法治思维和法治方式反对腐败",载https://baijiahao.baidu.com/s?id=1633021017525600949&wfr=spider&for=pc。

米尔德里德：你做民意调查了吗？神父。

神父：你知道吗？米尔德里德。你要是还和以前一样经常去教堂的话，就会知道大家有多么反对这件事了。上周日就有不少人来找过我。所以，是的，我做了民意调查。在安吉拉的事情上，大家都支持你。但在这件事上没人支持你。

米尔德里德：你知道我今天想到什么吗？我想到了洛杉矶的街头帮派，瘸帮和血帮什么的。然后我想到了政府颁布的一堆新法律，好像是在80年代颁布的吧，就是为了打击街头帮派，瘸帮和血帮什么的。如果我没记错的话，那些新法律的要点就是——如果你加入其中一个帮派，跟他们混在一起，然后某天晚上在你不知情的情况下，你的某个瘸帮或血帮同伙持枪抢劫了某个地方，或者杀了某个人，那么即使你可能一无所知，即使你当时正在街道拐角处干自己的事，根据这些新法律，你仍然是有责任的。因为你从一开始就加入了瘸帮或者血帮。神父，这让我忍不住想他们和你们神职人员其实挺像的，不是吗？按等级穿着各色长袍在教堂里，你们就是一个帮派，我想不到更确切的词了。如果你在楼上抽着烟斗，读着圣经，而你的同事正在楼下侵犯辅祭儿童。那么神父，就像瘸帮和血帮成员一样，你也是有责任的。因为你加入了这个帮派，我不管这种混账事你做没做过，见没见过，听没听过，你加入了这个帮派就是有责任的。如果一个人在辅祭儿童或者其他儿童被侵犯的事情上有责任，我当然知道你们不会去深究这些事。那这样的人就没有权利进入我的房子，对我的生活、我的女儿和我的广告牌说三道四。所以啊，神父，你还是把茶喝了。然后从我家厨房滚出去吧！

（一）假如神父与某团伙通谋犯罪，该团伙实施，神父没有实施，那么，他是否构成犯罪？

答：构成犯罪。神父与某团伙构成共同犯罪。共同犯罪是指二人以上共同故意犯罪。共同犯罪的主体必须是"二人以上"。此处所谓的"人"既包括自然人，也包括单位。其主观方面体现为各共同犯罪人之间具有"共同故意"，形成意思联络；客观方面表现为各犯罪人具有共同行为。

神父与某团伙通谋犯罪，他们之间达成了意思联络。即使神父没有实施，但是神父参与了出谋划策的过程，这属于帮助行为。帮助行为属于共同犯罪行为，实践中，帮助行为可以做以下分类：①狭义帮助和隐匿帮助，比如提供帮助工具和事后隐匿罪犯；②物质性帮助和精神性帮助，比如提供犯罪工具和帮实行犯出主意；③事前帮助、事中帮助和事后帮助。因此，与实行犯通谋，可以成立帮助犯，并且帮助犯也要承担实行犯的犯罪刑罚，比如，故意杀人的，两人都要承担故意杀人罪。不过，帮助行为需要有帮助故意。具体而言，需要具备以下因素：[1]

1. 认识因素

（1）认识到犯罪人所实行的是犯罪行为和这种犯罪行为将要产生的危害结果。

（2）认识到自己所实行的行为是帮助实施犯罪的行为。

2. 意志因素

（1）希望或者放任自己的行为能为犯罪人提供方便。

（2）犯罪人能够顺利地完成犯罪或者造成一定的犯罪结果。

---

[1] 参见"共同犯罪、帮助行为"，载http://www.64365.com/zs/989309.aspx.

（二）19 周岁的甲与 11 周岁的乙共同实施杀人行为，两人是否构成共同犯罪？

答：构成共同犯罪。19 周岁的甲与 11 周岁的乙，虽然年纪尚小，但对于杀人这一行为都已经拥有了明确的认识，也明确杀人会造成的危害结果。二人在杀人前达成了意思联络并且共同实施了杀人行为。所以，甲和乙构成共同犯罪。

（三）如果乙仅仅 3 周岁，两人又是否构成共同犯罪？

答：不构成共同犯罪。因为乙只有 3 周岁，认识和行为能力低，对于杀人这一行为没有认知。在杀人这个过程中，乙是作为一个工具被甲所使用。所以，甲和乙不构成共同犯罪。

（四）某餐馆老板知道某犯罪团伙吃完饭后要外出盗窃，依然为他们提供餐饮服务，是否构成犯罪？

答：不构成共同犯罪。首先，餐馆老板为顾客提供餐饮服务是他作为餐馆老板的职责。其次，为犯罪团伙提供餐饮服务这一行为具有高度替代性，对于最终的盗窃行为所起到的作用不大，故不构成共同犯罪。

问题三：故意伤害罪

◇ 场景片段重现

（在牙医的诊所，米尔德里德躺在病床上，张开自己的嘴巴，指着自己那颗坏掉的牙齿。）

米尔德里德：我不知道怎么回事，感觉有点儿松了。

牙医（低眸，浅浅地看了一下，随意地说道）：那好，如果牙松了，那就只能拔掉了。（说着开始准备工具。）

米尔德里德（诧异地看了他一眼，问）：你不用先看一看吗？

牙医（凑近看了看）：只能拔掉了。（说完，牙医开始转动拔牙的电钻。）

米尔德里德（连忙问）：能给我打点麻药吗？医生。

（牙医这才拿起麻药的注射针，给米尔德里德注射了麻药。）

牙医：等几分钟就起效了。（牙医再次拿起电钻）威廉·威洛比在镇上有不少好朋友，米尔德里德。

（趁这个时候，米尔德里德一把夺过牙医手中的电钻，并按住牙医的左手。）

牙医（大叫）：不！住手！（然后米尔德里德用电钻在牙医的左手大拇指上钻了一个洞。）天杀的！该死！

米尔德里德（站起身来，对牙医说）：那你为什么不告诉威廉·威洛比的那些好朋友们，让他们催促威洛比干好他的活呢，死胖子。

（一）米尔德里德伤害牙医，在他指甲上钻个洞，是否构成故意伤害罪？

答：不构成故意伤害罪。

米尔德里德只是在牙医的拇指上面钻了一个洞，根据《人体轻伤鉴定标准（试行）》（已失效）的规定，尚未构成轻伤。《人体轻伤鉴定标准（试行）》（已失效）第23条规定："手损伤　（一）1节指骨（不含第2至5指末节）粉碎性骨折或者2节指骨线形骨折；（二）缺失半个指节；（三）损伤后出现轻度挛缩、畸形、关节活动受限或者侧方不稳；（四）舟骨骨折、月骨脱位或者掌骨完全性骨折。"所以，米尔德里德不构成故意伤害罪。

（二）电影里，作为警察的狄克森将韦尔比从楼上扔下去，是否构成故意伤害罪？

答：构成故意伤害罪。狄克森并不是因为警察的职务，而是为了宣泄自己的愤怒，殴打无辜的公民并造成对方重伤。因此，狄克森构成故意伤害罪。

（三）警察在执行公务时殴打他人犯了什么罪？

答：警察在执行公务时殴打公民，同样是侵犯了公民的人身健康权。情节严重的将构成故意伤害罪。如果殴打的是犯罪嫌疑人，那触犯的是《刑法》的刑讯逼供罪。《人民警察法》第22条规定："人民警察不得有下列行为：……（四）刑讯逼供或者体罚、虐待人犯……（七）殴打他人或者唆使他人打人……"

问题四：放火罪

（一）米尔德里德放火烧了警察局，犯了什么罪？

答：放火罪。放火罪是指故意引起火灾，危害公共安全的行为。《刑法》第115条第1款规定："放火、决水、爆炸以及投放毒害性、放射性、传染病病原体等物质或者以其他危险方法致人重伤、死亡或者使公私财产遭受重大损失的，处十年以上有期徒刑、无期徒刑或者死刑。"

（二）如果是狄克森失手引发了火灾，那么狄克森犯了什么罪？

答：失火罪。狄克森因为过失而导致失火，构成失火罪。《刑法》第115条第2款规定："过失犯前款罪的，处三年以上七年以下有期徒刑；情节较轻的，处三年以下有期徒刑或者拘役。"

问题五：放火的米尔德里德为什么没有被逮捕？

◇ 场景片段重现

（在警局纵火的第二天。米尔德里德和詹姆斯坐在路边。）

警长（过来问话）：你们看见了什么？

詹姆斯：我们从街角拐过来时，火势已经很大了。大概两秒后，那个警察就从窗户里跳了出来……

警官（抬手打断了他）：等等，你们都是从街角拐过来的吗？（指了指詹姆斯和米尔德里德，詹姆斯点了点头。）

警官：那么之前你们在哪儿？

詹姆斯：在我家。

警官：你们是男女朋友吗？

詹姆斯（尴尬地笑了笑，看了看米尔德里德）：才刚开始，你懂的。

警官（怀疑地看向米尔德里德）：是这样吗？

米尔德里德：我们约过几次会。

（警官只能无可奈何地走开。）

答：放火的米尔德里德之所以没有被逮捕，是因为具有詹姆斯给她做的不在场证明，并且警方没有证据证明米尔德里德就是放火的人，所以不能够逮捕她。这体现了证据的重要性。但这不禁会让我们产生疑问，这场纵火案，因为米尔德里德有不在场证明，所以不能被逮捕。她女儿的强奸案，那个强奸犯也是拥有完美的不在场证明，所以也无法被逮捕。但开着上帝视角的观众，其实都知道真正的凶手是谁。如果是由我们来审判这些案件，我们是否应该在证据不足的情况下，逮捕凶手呢？这在法学界也是一个难题——程序正义与实体正义何者更重要？

程序正义作为一种观念，最早出现在英国普通法之中，其理论渊源是英国古典的自然正义，自然正义是英国法治的核心概念，是法官据以控制公共行为的基本程序原则。这一原则有两个基本要求：①任何人均不得担任自己案件的法官；②法官应听取双方的陈述。因此，程序正义被视为"看得见的正义"。正如英国的一句古老格言讲道："正义不仅应得到实现，而且要以人们看得见的方式加以实现。"用最通俗的语言解释，这句格言的意思是说，案件不仅要判得正确、公平，并完全符合实体法的规定和精神，而且还应当使人感受到判决过程的公平性和合理性。

在我国，实体正义是刑事诉讼法的专有名词，是指通过刑事诉讼过程而实现的结果上的实体公正和结果正义。具体包括三个方面的内容：①犯罪的人受到刑罚；②无罪的人不被定罪；③罪刑相适应。

实现社会的公平正义一直是人类社会追求的目标，通过法治的建设来保障正义的实现是重要而可行的途径。对于二者关系问题的不同观点即实体正义和程序正义的关系问题，一直是学术界乃至司法实务界热议的问题，大致有以下几种观点：

第一，"实体优先论"，即认为实体正义优先于程序正义，程序只是实体的保障和工具，自身没有价值。

第二，"程序优先论"，即认为现代司法的权威在于形式的公正，实体正义是相对的，程序正义是绝对的。因此，在二者发生矛盾冲突的时候应该是程序正义优先于实体正义。

第三，"并重论"或者"阶段论"，前者认为二者不存在谁重要谁不重要的问题，后者认为对实体正义和程序正义的侧重应该按照诉讼阶段的不同来划分，比如，在审查起诉阶段应该坚持实体正义和程序正义并重，在审判阶段应该坚持实体正义优先。但是，我们应从程序正义与实体正义的相互关系来看问题。首先，从逻辑上看，程序正义是人们在法治社会追求社会实质正义的必要条件。程序正义不能脱离实体正义的内在要求，而与实体正义不存在必然联系，无论程序正义还是实体正义，其终极指向都是社会实质正义这一价值指引，程序正义是实体正义实现的必要前提，缺乏程序正义要件实现的实体正义是畸形的正义，与法治精神和社会实质正义要求相悖，所以说，实体正义的实现必须以程序正义为基础。同时，因程序正义的实现所要求的正当法律程序，也是程序正义的保障。[1]

相关案例：辛普森案。1994年6月12日深夜，洛杉矶西部一豪华住宅区里发生了惨案。女死者后来被证实是妮克尔·布朗·辛普森，而她身后是餐馆的侍生罗纳德·高曼。两人浑身血痕，而且被利器割断喉咙而死。死亡时间是晚上10点多。案发当晚黄昏，妮克尔同孩子到高曼所在的餐馆吃饭。离开后曾打电话说遗留下了一副太阳镜，高曼找到后对同事说下班送还给妮克尔。案发后凌晨，四名警察部侦探来到死者前夫即著名的黑人美式足球（橄榄球）明星辛普森住所，在门外发现他白色的福特野马型号汽车染有血迹，车道上也发现血迹。按铃无人回应，侦探爬墙而入，一名警员福尔曼在后院找到一只染有血迹的手套和其他证据。案件的主要证人是当时住在客房的朋友基图，他作供说客房墙外有像地震一样的响声。此外，一个被电话预约的接辛普森去机场的司机说，10时左右他到辛普森家按门铃无人回应，接近11点时，发现一名高大黑人（与辛普森相似）匆匆从街外跑回屋，按门铃后辛普森回应了，出来说他睡着了，然后坐车到机场去芝加哥。

案发后凌晨，辛普森在芝加哥酒店接到警方通知前妻死讯，

---

[1] 参见"实体正义与结果正义"，载 https://zhidao.baidu.com/question/630282673635907444.html。

便清早赶回加州。回来的辛普森在律师的极力反对下单独接受了警察一小时的问话。警察考虑到他的名声，对辛普森并没有做深入的盘问就释放了他。当时警察发现辛普森受伤。他解释说，是接到前妻死讯过度激动打破镜子而受伤的。警察经过几天调查后，决定将辛普森列为主要疑犯。辛普森准备自首，但没能如约到场，故警方决定逮捕辛普森。

6月17日，辛普森的律师准备陪同辛普森回警察局时，发现本来在楼上休息的辛普森已不知去向。随后全国观众在电视上看见了难忘的镜头：天上直升机队，地上巡逻车队全面出动，几小时终于发现辛普森的白色小车。几十辆警车在洛杉矶公路上展开追逐，更准确地说是护送：辛普森手持手枪以自杀为要挟，而洛杉矶警局出人意料地克制，护送他回到家，而辛普森家外早已被他的支持者和围观群众围得水泄不通。随后，辛普森在车上与警方展开谈判，晚上辛普森丢掉手枪走出车外被逮捕。

正式审判开始后，在开庭陈词时检方指控辛普森预谋杀妻，作案动机是嫉妒心和占有欲。离婚之后，辛普森对妮克尔与年轻英俊的男人约会非常吃醋，一直希望复合，但希望日益渺茫。案发当天，在女儿的舞蹈表演会上妮克尔对辛普森非常冷淡，使他动了杀机。高曼属于误闯现场，偶然被杀。法医鉴定表明，被害人的死亡时间大约在晚上10点到10点15分之间。辛普森声称，当晚9点40分到10点50分他在家中独自睡觉，无法提供证人。

在整个审判过程中，根据律师的建议，辛普森依法要求保持沉默，拒绝出庭作证。

但是，检方关于预谋杀人的指控似乎不合情理，主要原因是：辛普森当晚要赶飞机，他已经预约了豪华出租车送自己去机场。这一安排实际上堵死了他本人作案的后路，因为他必须在短短 1 小时 10 分钟之内驱车前往现场，选择作案时机，持刀连杀两人，逃离凶案现场，藏匿血衣凶器，洗净残留血迹，启程前往机场，整个环节稍有差错闪失就会耽误飞机起飞的钟点。这时，出租车司机便会成为重要证人。另外，对辛普森这种缺乏训练和经验的"业余杀手"来说，使用枪支是最佳选择，根本没必要用利刃割喉杀人。这种作案方式不只会弄得自己满身血迹，而且会在凶杀案现场、白色野马车和自己住宅中留下难以抵赖的"血证"。

  在美国的司法体制中，只依赖间接证据就把被告人定罪判刑绝非易事。这是因为仅凭个别的间接证据通常不能准确无误地推断被告人有罪，必须要有一系列间接证据相互证明，构成严密的逻辑体系，排除被告人不可能涉嫌犯罪的一切可能，才能准确地证实案情。此外，间接证据的搜集以及间接证据和案情事实之间的关系应当合情合理、协调一致，如果出现冲突或漏洞，就表明间接证据不够可靠，不能作为定罪的确凿根据。在辛普森案中，由于检方证据全都是间接证据，因此，辩方律师对这些"旁证"进行严格鉴别和审核，是这场官司中极为重要的一环。令人失望的是，检方呈庭的证据破绽百出。首先，检方呈庭的间接证据之一是在杀人现场发现了被告人的血迹，可是，由于温纳特警长身携辛普森的血样在凶杀案现场停留了 3 小时，致使这个间接证据的可信度降低。其次是那双沾染血迹的袜子，两只袜子血迹竟然完全相同，这显然是不符合常识的。并且警方出示了几张发现血袜子现场照片的时间顺序也自相矛盾。这些都让这个证据存在很大的疑点。还有就是检方呈庭的重要证据——黑色血手套。但是这只血手套大小跟辛普森的手掌完全不契合，并且手套本身的血迹形态也很令人疑惑。这些都为这个证据打上了疑点。最后，从现场的勘察报告来看，血迹的形态和血迹发现的地点都存在很大的疑点。这些都使辩方能够有比较充足的证据向陪审团证明辛普森未必就是杀人凶手。

1995年10月3日，美国西部时间上午10点，当辛普森案裁决即将宣布时，整个美国一时陷入停顿。时任总统克林顿推开了军机国务；前国务卿贝克推迟了演讲；华尔街股市交易清淡；长途电话线路寂静无声。数千名警察全副武装，如临大敌，遍布洛杉矶市街头巷尾。美国有限电视新闻网（CNN）统计数字表明，大约有1.4亿美国人收看或收听了"世纪审判"的最后裁决。陪审团裁决结果：辛普森无罪。[1]

问题六：如果米尔德里德和狄克森杀了强奸犯，会触犯何罪？

答：故意杀人罪。故意杀人罪是指故意非法剥夺他人生命的行为。其构成特征是：①侵犯的客体是他人的生命权利。②客观方面必须具有非法剥夺他人生命的行为。米尔德里德和狄克森会构成故意杀人罪。因为两人主观上具有剥夺他人生命的故意，客观上杀死了该强奸犯，构成故意杀人罪。

拓展：《三块广告牌》原型案件及对"舍法求法"的思考

"当司法不彰时，则私法必昌；当公力救济失效时，人们就会投奔私力救济。"

---

[1] 参见"辛普森案"，载百度百科 https://baike.baidu.com/doc/5392322-5629109.html.

1991年，美国得克萨斯州维多市，34岁的离异女子凯西·佩吉被人发现死在自己车里。据推断，她在死前遭受了殴打、勒颈和强奸。

经历了绝望的两年后，鉴于警方的低效之举，死者的父亲詹姆斯·富尔顿开始在各类街边广告牌上投放自己的愤怒。

"警察搞砸了案子、正义的审判迟迟未至，你没准也会碰到这种事！"

"这里是维多城奥兰治县，在这里你即便残忍地杀害一名女性，也没人管。"

"史提夫·佩吉（受害者前夫）杀了他妻子，然而警察却不愿解决这个案子。我坚信这些警察肯定受贿了，司法部长应该来这里调查。"

除了在广告牌上对当地警方展开抗议，每逢女儿生日时，詹姆斯·富尔顿还会在当地报纸上刊登广告，祝自己女儿生日快乐，以提醒公众不要忘记此案。然而遗憾的是，此案至今未破。[1]

这些利用舆论手段向当地警方发出抗议，希望得到法律公正的审判的行为，被称为"舍法求法"。公民采取非法律的途径以寻求法律手段来合理解决自己的诉求。当自己的司法诉求得不到满意的答复，或者自己遭遇了不公正的对待而法律无法保护自己时，普通公民就会通过其他途径来曝光这些事件，寻求社会关注。例如，在自媒体如此发达的现在，许多公民会在网上直播诉说自己的冤屈或是公开实名举报一些不法事端。这种社会关注也是对司法的考验。法院在面对这些案件时，必定会

---

[1]《三块广告牌》原型案件信息来源于虎嗅 App 上的文章"我怎么敢倒下，我身后空无一人"。

受到社会舆论的影响。如何平衡司法与民意的现实困境，对中国司法改革不断向前推进，也是重大的考验。

拓展与思考

一场争执

2020年10月19日，一名黑衣男子协同朋友去一家临街的面馆吃面，该名黑衣男子及其朋友点了110元的菜，但在结束饭局后，却并没有支付饭钱，而是向老板表示自己无钱支付，想要赊账。老板因收入微薄，不同意赊账，双方不肯让步，争执不下。双方一直争执到凌晨两点多钟。这个时候，沈某和他的女友来到该面馆吃面。在女友去点菜期间，沈某一直在旁边观看双方争执。沈某了解其中情况之后，对于黑衣男子的赊账行为十分不满，并且为面馆老板仗义执言。随后，沈某与该名黑衣男子发生争执，两人争执了近一个小时。在凌晨三点钟的时候，沈某被店里面的工作人员和女友拉走劝阻。之后，沈某因为担心纠纷尚未解决，又上前相助。这时候，面馆老板与该名黑衣男子的纠纷已经和平协调了。沈某就打算离开面馆。可是当沈某刚刚走出门口后不久，该名黑衣男子也走上前来，掏出一把刀捅入了沈某的肝脏。沈某立刻被其女友送往医院抢救，但因为单刃锐器致肝脏破裂大出血，抢救无效死亡。该名黑衣男子也被抓捕了起来。该名黑衣男子名叫邓某彬，自贡市人，59岁，靠领低保救助金生活，之前因为用镰刀把人砍伤而留有前科。这次因为将沈某捅伤，被法院以故意伤害罪判处死刑缓刑二年，并赔偿沈某死亡的各项经济损失3.7万元。

这件事情本来已经告一段落，但是。令人难以置信的是，面馆老板及其女婿却并没有对沈某的死亡怀有任何感激之情，他们甚至在媒体上公开表示，沈某的行为是多管闲事。这使痛失儿子的母亲——陈某，十分的伤心与愤怒。她认为，儿子的见义勇为，是为了维护面馆老板的利益，却因此付出了生命的代价，而面馆老板作为受益方，非但没有感谢却恶语相向。陈某痛心疾首，认为面馆老板应当对沈某给予适当的经济补偿，于是便将其告上了法庭。在一审的判决中，被告面馆老板的辩护律师称，面馆老板并没有因沈某的见义勇为而受益，因为在沈某被害之前，双方已经就赊账的纠纷通过协调解决了。并且沈某遇害，是在双方都已经离开了面馆之后发生的，与面馆无关。

一审并没有支持陈某的主张。但作为对沈某见义勇为的嘉奖，给予了陈某3.7万元的国家司法救助金。

专家表示：《民法典》第183条规定，因保护他人民事权益使自己受到损害的，由侵权人承担民事责任，受益人可以给予适当补偿。没有侵权人、侵权人逃逸或者无力承担民事责任，受害人请求补偿的，受益人应当给予适当补偿。但是应当根据受益人的受益范围来确认补偿。如果因见义勇为一方受到的伤害格外严重的话，可以在受益范围外适当的提高补偿。[1]

◇ 思考题

一、面馆老板应该对沈某的死负责吗？

二、面馆老板是否应该对陈某进行补偿？

三、如果是你，你会上前见义勇为吗？我们该如何合理地见义勇为呢？

---

〔1〕 参见《今日说法》2022年7月7日——"一场争执"。

第四章
《无间道》

导　　演：刘伟强
编　　剧：麦兆辉、庄文强
出品时间：2002 年
发行公司：寰亚电影发行有限公司
主演介绍：

刘德华（饰刘健明），1961 年 9 月 27 日出生于中国香港地区，籍贯广东省江门市新会区，中国影视男演员、歌手、制片人、作词人。

梁朝伟（饰陈永仁），1962 年 6 月 27 日出生于中国香港地区，祖籍广东省台山市，国家一级演员、歌手。2003 年凭借电影《无间道》获得金像奖、金马奖最佳男主角奖。

曾志伟（饰韩琛），1953 年 4 月 14 日出生于中国香港地区，祖籍广东省梅州市五华县。中国男演员、编剧、导演、监制、主持人。现任香港电视广播有限公司（TVB）总经理。

黄秋生（饰黄志诚），1961 年 9 月 2 日出生于中国香港地区，中国影视男演员。2003 年凭借电影《无间道》获得金马奖最佳男配角奖。

导 读

　　这部电影主要讲述了两个卧底及他们所代表的正义与邪恶之间的一场生死较量!

　　刘健明是香港黑社会性质的组织三合会的一个小混混。他听从他的老大韩琛的吩咐进入香港警方卧底。将近十年的时间里,刘健明在韩琛的帮助下,有望晋升为见习督察。

　　陈永仁原本想成为一个好警察,却被警校强行退学,秘密执行渗透进三合会做卧底工作。陈永仁在近十年的摸爬滚打中,成了帮会的红人,韩琛的手下。但在这十年的潜伏中,陈永仁饱受心灵上的折磨,整夜整夜的失眠。身为警方的卧底,在每一次黑社会的集体活动中,他往往难以把握道德边界,最后黄警司只能上报其有心理疾病,为他找了李心儿作为心理医生。随着另一位警官的去世,在警察系统中,黄警官成了知道陈永仁卧底身份的最后一人。在一宗毒品交易中,陈永仁通过摩斯电码向警方传递了交易的信息,警方由此做出相应的部署。与此同时,刘健明利用警方的机器向韩琛一方传递信息,让韩琛得以及时销毁证据,中止交易。双方的行动均告失败,也让双方都有卧底的秘密浮出水面。两边随即开展了一系列揪查卧底的活动。陈永仁在李心儿的心理诊所久违地安睡,并告诉了李心儿"其实我是警察。"与之相反,刘健明则携着自己的女朋友May入住新房。在乔迁之日,韩琛的电话不期而至,他要求刘健明帮助他挖出卧底。韩琛也开始调查自己内部的卧底,每个人都要接受韩琛的试探、问话以及上报个人资料。警方也开始了行动，但戏剧性的是，刘健明成了警方揪查卧底的负责人。在一次刘健明与韩琛的秘密接洽中，陈永仁跟踪了刘健明，但被韩琛的电话临时截胡了。韩琛告诉陈永仁自己将在未来两三天揪出卧底，他最信任陈永仁，把处理卧底的事交给他。

一天，陈永仁与黄警司相约天台见面，交涉最近的情况。在这时，双方都开始抓捕卧底的行动。陈永仁在黄警司与傻强的掩护下，成功逃脱警方的追捕。黄警司却在这次行动中死于韩琛等人之手。在逃脱过程中，傻强中枪而死，他的死也掩护了陈永仁，让他的卧底身份得以保全。黄警司的死在两名卧底心里敲响警钟，刘健明接手案件并与陈永仁取得联络，在这个关头，刘健明反水了。他与陈永仁联手，在引韩琛去货仓的路上，用枪杀了韩琛，他想以这个方式彻底销毁自己是卧底的证据。但陈永仁凭借一份资料发现了刘健明的卧底身份。刘健明也销毁了陈永仁的警察档案。二人都没有退路。陈永仁将刘健明与韩琛接洽的录音寄到刘健明的家中，以此相逼刘健明与他天台相见。二人在天台做最后的谈判，陈永仁表示会将刘健明绳之以法。但其在电梯中被韩琛所派来的另一名卧底所枪杀，原来韩琛当年派遣了许多人同时对警察内部进行渗透。为了保住自己的身份，刘健明再次枪杀了这名卧底。心理医生李心儿从叶警官的遗物中发现了陈永仁的卧底档案，他的身份终于浮出水面。在结局的葬礼上，刘健明作为警察向陈永仁敬礼。但他还要为了保护自己的卧底身份永远活在无间地狱中。

——— 第四章 《无间道》 ———

本章核心问题

问题一：警方诱供合法吗？

◇ 场景片段重现

犯罪嫌疑人：律师没来，我不会说话的。

刘健明：我是刘律师。有没有打电话回家？

犯罪嫌疑人：打电话干嘛？

刘健明：没打就好了。上星期五，十七号，下午三点四十五分到五点，你在哪里？

（犯罪嫌疑人不做回答，兀自抽烟。）

刘健明：毛哥叫我来问你，看家里要不要帮忙。

（犯罪嫌疑人看了看谈话室的监控。）

刘健明：不用东张西望了，律师在场，他们不敢录音，录了也没用。

（这时谈话室外的其他警察看着谈话室的监控，并做着记录。）

犯罪嫌疑人：毛哥叫你来的？

刘健明：隔壁那两个小的，已经讲出工厂的位置，警察正赶去。毛哥叫你千万别乱说话。若有亲兄弟在，就叫他走吧。

（说着把手机递给犯罪嫌疑人。犯罪嫌疑人看着他，半信半疑地按下了号码。）

犯罪嫌疑人对着手机喊道：走！叫你走！听到了吗？走！

（一）什么是诱供？

目前常见的诱供主要分为两种，分别是合法诱供与非法诱供。

诱供作为一种侦讯手段，是指通过隐蔽其讯问企图与目的，摒弃了刑讯逼供直接表明讯问目标的弱点，采取的是由浅入深、由表及里、步步为营的渐进性策略，使被讯问者放弃警惕，进而说出证据；或者是运用法律规定的某些好处，促使犯罪嫌疑人老实交代问题。在我国的侦讯实践中，比较常见的是说服规劝，即对犯罪嫌疑人进行法律和政策攻心。

但也有另一种"诱供"，就是指公检法机关的工作人员在办案过程中，在讯问受审人之前，已经事先有了自己的判断，然后带着自己的主观意图，在讯问过程中为受审人设置一个个陷阱，诱导受审人按照自己的想法回答问题，以达到自己想要的讯问结果。讯问者往往在被讯问者神志不清、迷迷糊糊、意志力薄弱的状态下进行讯问，多数情况下还会伴随着刑讯逼供的行为。[1]

（二）诱供的证言可以作为证据吗？

不可以。《人民检察院刑事诉讼规则》第176条规定，严禁刑讯逼供和以威胁、引诱、欺骗以及其他非法方法收集证据，不得强迫任何人证实自己有罪。《公安机关办理刑事案件程序规定》第8条规定，严禁刑讯逼供和以威胁、引诱、欺骗以及其他非法方法收集证据，不得强迫任何人证实自己有罪。

（三）为什么诱供的证言不可以作为证据？

首先，侵犯被讯问者的人权。诱供是非自愿性供述的重要

---

[1] 参见王杉："刑事侦查中骗供、诱供问题研究"，山东师范大学2020年硕士学位论文。

促因之一，骗供诱供可以导致被讯问者产生服从性非自愿供述和内化性非自愿供述。服从性非自愿供述比较普遍，指的是犯罪嫌疑人、被告人因畏惧或利诱等原因，服从于侦查人员作出的虚假供述；内化性非自愿供述指的是，在侦查人员的施压、引诱之下，犯罪嫌疑人、被告人改变了自己内心的记忆，这种心灵的创伤几乎是不可逆转的。因此，骗供诱供形成的心理强制力应当有一定的限度，不加限制地诱供骗供可能会造成极坏的影响，对个体的精神健康和人格尊严造成极大的侵犯。其次，易造成冤假错案。犯罪嫌疑人在失去人身自由的状态下，往往迫切希望摆脱眼前的困境。这种心态，常使他们难挡诱供中的现实利益，尤其是在有其他非法讯问手段掺杂其中的时候容易造成冤假错案。最后，损害司法机关的公信力，不利于社会公正，影响社会稳定。[1]

问题二：证据的重要性

◇ 场景片段重现

当那条"有内鬼，终止交易"的短信出现在手机上时，韩琛的眉目瞬间变得阴沉。另一边，交货的码头，傻强正在搬运毒品。岸上的大哥突然喊道："把货物全都丢进海里。快！""傻强，快把货扔掉！"话刚说完，岸上就冲来一群警察，"不许动，我们是警察！"但是，傻强动作迅速，货物已全部沉入海中，毁尸灭迹。

---

[1] 参见陈闻高："关于诱供问题的探讨"，载《湖北警官学院学报》2012年第7期。

（警察局内）

黄警司走进谈话室时，韩琛在警局的桌子上吃得津津有味。

黄警司走向桌子另一边的位置，说"琛哥，饭菜蛮好啊？"

韩琛一脸无所畏惧：不错。

黄警司坐下说：我们查清楚了，你两名手下在沙滩吹风而已。

韩琛：那可以放他们走了？

黄警司：随时都可以。免得妨碍琛哥，你这么忙。

韩琛：大家很熟了，不用客气。我也很久没有在这里开餐了。

黄警司：你喜欢的话，随时欢迎。

韩琛大笑：免了吧，两手空空，怎好意思？

黄警司：不用客气，我才不好意思害得琛哥今晚掉了几千块钱。

（韩琛把筷子摔下，用手帕擦了擦嘴，然后，站起身，把吃剩的饭菜甩向一众警察。）

这场警匪的闲话其实是双方的一次交锋，双方都知道那一场活动是毒品交易，但也都知道这伙歹徒全都可以安然无恙地离开警局。因为警方缺少一个至关重要的东西——证据。

（一）黑社会老大琛哥为什么可以在警察局里如此嚣张？

在法治社会中，对犯罪嫌疑人不可以肆意抓捕，而必须讲证据；必须按照法律的规定办理刑事案件，而不可以随意剥夺公民自由。在那场毒品交易中，韩琛指使自己的手下傻强将所有的海洛因全部丢进了海里，证据在海里销声匿迹。警方没有证据指控韩琛团伙的贩毒行为，所以无法对其进行抓捕与判决。因而即使是如此明显的犯罪也只能称其为"沙滩吹风"。

（二）证据在法律中为何如此重要？

因为证据是案件的基础和生命，没有证据或证据不确实，就无从认定案件事实，也无法判别是非、正确适用法律。我国在一些法律规定和司法解释中对于证据的形式、来源、收集程序和方式等方面都作出了相关的规定，这也表明证据在刑事案件中的重要性越来越突出。因此，刑事证据的收集、审查、运用以及认定是公检法三部门的工作重点。"认定案件事实，必须以证据为依据"，是司法人员必须树立的观念。

或许在司法实践中也会出现电影中的现象——恶人因证据不足而逍遥法外，但如果我们因此而轻视证据的重要性，为了所谓的"结果正义"而牺牲"程序正义"，我们将可能面临另一种凄惨的结果。

问题三：真假警察的认定

（一）刘健明是否应当被认定为警察？

刘健明是一名警察。其在警校中就读毕业后，进入警务机关工作。虽然他只为韩琛提供情报，经常向韩琛出卖警队的情报，但是他有全套的身份档案以及相关的证明文件。也就是我们说的编制，是经过正当程序进入警察队伍工作的，其警察身份也有政府备案。因此，他的警察身份应当被认定。

（二）陈永仁是否应当被认定为警察？

陈永仁虽然从警校中途退学，但他同样具有警察的编制。加入黑社会也是在执行他作为一个警察的卧底工作。因而，他是警察。不管他有过多少次伤人记录，收过多少次保护费，参与过多少次黑社会的行动，多少次与黑社会成员称兄道弟，他都依然是个警察，是"兵"不是"贼"，这是他在近十年的卧底生涯中一直坚守的信念。他是卧底,但他仍然是警察。

问题四:警方卧底犯罪的刑事责任

◇ 场景片段重现

(在黄警司死后,陈永仁与傻强在逃窜的车上。陈永仁依旧沉浸在悲痛之中,傻强开着车,脸上不断有汗水流下。)

傻强:前两天琛哥叫我进他房里,他问我"傻强,你跟了我多久了?"我哪记得。后来他说"傻强你跟我五年了。这几年你表现不错。我有个问题问你,如果有个兄弟是内鬼,你敢不敢干掉他?"他当面问我我当然说敢,你当我真的是傻瓜吗?结果怎样?内鬼当然找不到。但那警察骨头可硬了。他们揪了他上去,足足打了十分钟。十分钟,一句话都没说。

(车子突然失控冲下了悬崖,傻强已经无力地趴伏在方向盘上。)

陈永仁:傻强!(他发现了傻强身上的枪伤,在肚子上,那是一处贯穿伤。已经血流如河。)

傻强:琛哥说"那警察跟他跟得紧。今天谁不出现,谁就是内鬼"。我没有。没有说你去按摩。如果让琛哥知道你去按摩,你就死定了。

(陈永仁惊讶地看着他。)

傻强:仁哥,我很想问你。今天那按摩女郎漂不漂亮?你知道。按摩女郎不漂亮就是件大事了。快走吧!撞了车会惊动很多警察。总之你记住。如果你见到那人,他很不专心地看着你做其他事,他就是警察。

(那一刻,他们从彼此的眼神中都看见了一些事情,一些真相。)

（一）如果此时的陈永仁（警察卧底）杀掉了傻强，他是否应受到刑事追究？

他应当负刑事责任并受到追究。尽管警察卧底会享受一定的法律豁免权，但不是无限的，同样要受到法律的约束。具体就杀人这一行为来说，如果杀害的是非犯罪分子，那么肯定会被判刑；如果杀害的是犯罪分子但其罪行是轻微的，也会被判刑；如果杀害的是重罪的犯罪分子，一般就是停职反省。卧底本身是一种特殊的高危职务行为，卧底侦查人员在实施该行为时是在履行职务，在卧底时按照保密规定进行职务行为，很多轻微违法的行为可以不予追究。在这个情况下，陈永仁虽然可能面临着卧底身份暴露的风险，但是仍未遇到紧急情况，应当是要受到刑事追究的，但可以适当地减刑。

（二）警察在卧底的时候犯罪该怎么处理呢？

对此，法学界主要有以下几个观点：

其一，紧急避险理论。卧底侦查行为符合刑法中紧急避险的条件，因而具有正当性。卧底侦查人员的涉罪行为虽然会对国家利益、公共秩序或个人利益造成一定的侵害，但考虑到该行为实施的客观环境及利益权衡状况，可以成立紧急避险。

其二，职务行为理论。职务行为作为法令行为的一种，是指一定的公务人员依据法令行使职权（职务）的行为。卧底侦查人员具有特定的身份，是受侦查机关的指派而打入犯罪集团内部收集犯罪情报、证据，其侦查行为是一种依法令实施的职务行为，主观上并无犯罪之故意或过失，因而不成立犯罪。

其三，执行命令行为理论。卧底侦查人员在侦查过程中所实施的犯罪行为是按照上级命令而实施的行为，其在执行命令的过程中不存在犯罪的主观意图，故不成立犯罪。

其四，重大立功理论。《刑法》第 68 条规定："犯罪分子有揭发他人犯罪行为，查证属实的，或者提供重要线索，从而得以侦破其他案件等立功表现的，可以从轻或者减轻处罚；有重大立功表现的，可以减轻或者免除处罚。"卧底侦查人员虽然参与了犯罪，但因事后有重大立功表现，应免除其刑事责任。

我国法律也对警察在卧底期间的行为作出了硬性要求。

《刑事诉讼法》第 153 条规定："为了查明案情，在必要的时候，经公安机关负责人决定，可以由有关人员隐匿其身份实施侦查。但是，不得诱使他人犯罪，不得采用可能危害公共安全或者发生重大人身危险的方法。对涉及给付毒品等违禁品或者财物的犯罪活动，公安机关根据侦查犯罪的需要，可以依照规定实施控制下交付。"

拓展：卧底缉毒警察张牧野

2022 年 6 月 26 日，在央视的《面对面》采访节目中，我了解到缉毒警察张牧野警官的卧底经历。作为一个警察，作为一名卧底。我可以从他身上了解到无名英雄的害怕与英勇，坚定与信仰。现实生活或许没有电影里面那般惊心动魄，那般荡气回肠，但正是因为它的真实才更让人震撼，更具有力量。

张牧野是云南省景洪市公安局禁毒大队副大队长，在他作为缉毒警察的九年时间里，曾多次深入贩毒网络内部进行侦查。九年中，张牧野个人提供线索共侦破毒品案件 200 余起、参与侦破案件 301 起，抓获犯罪嫌疑人 200 余人，缴获各类毒品累计达 1 吨多，收缴毒资 344 万元人民币。先后荣立个人二等功 1 次、三等功 2 次、个人嘉奖 3 次，并多次获得公安系统侦查破案能手等多项荣誉称号。

  缉毒警察是警察中的勇者，人民日报调查数据显示，缉毒警察的死亡率是其他警种的4.9倍，几乎每天都有缉毒警察牺牲，年龄最大的68岁，最小的才18岁。缉毒警察的平均寿命只有41岁，比全国人均寿命低32.5岁。而作为卧底缉毒警察，张牧野更是勇者中的勇者。就像《无间道》里一样，警察把自己从"兵"变成"贼"从来不是一件容易的事。

  记者："很多警察都是通过这么多年训练让自己身上具备警察气质，但是禁毒民警要经过训练之后，让自己放下警察气质，这个过程挺复杂的。"

  张牧野："对，因为我前面也是在警校里面读的大学，给自己训练出了一身正气，看一眼就知道我是警察。但是来禁毒以后，反过来了。"

  在张牧野孤身卧底的这些年里，他也曾遭遇暴露身份的危险时刻。"如果暴露的话，轻一点的就是把你打一顿，重一点的就是把你枪杀了。"

  也有过心中时时放不下的担忧，怕自己的身份危及自己的家人。

  "你现在心里面最担心的可能是什么？"

  张牧野："我的家人吧。九个年头了。我自己总结一下，对家里面人亏欠非常大。很多时候都不带家人出现在公共场合，包括小孩去广场游乐场玩，我都不会带他出去。有些时候我自己一个人出去散步都比较担心，走五步路都要回头看一下，看一下后边是不是有人在跟着怎么样。"

  在缉毒一线负重前行，相当于在生死线上与毒贩搏斗，英勇的战士却也难以抵挡牺牲与离别的突然降临。前辈的鲜血陈述了毒贩的罪行、英雄的功绩，也成了后辈心中不灭的火炬。

2016年11月4日，景洪市公安局禁毒大队在景洪市景哈乡破获一起特大武装贩毒案，在抓捕过程中，张牧野的师父，禁毒大队副大队长李敬忠颈部中枪，被毒贩开枪击中，因伤势过重，英勇牺牲。

张牧野："我亲眼看着他中弹倒地的，当时鲜血把地都染红了一大片。当时我自己心里面就暗暗发誓，我一定要将这些贩毒人员绳之以法。"

2019年，张牧野获得一条重要线索，有贩毒集团要出手一批几百公斤、价值超百万元的毒品，经分析研判后，张牧野向禁毒大队领导汇报了该线索，大队领导要求他继续跟进。在取得中间人的信任后，幕后的老板提出要和张牧野单独见面，这次见面是双方是否交易毒品的关键。

张牧野："你要见这些大佬没那么简单的。后来约定好见面的地点以后首先就给我搜身，看我有没有带什么东西，电话手机那些都不让带。确定我身上没什么东西以后，就骑着摩托车带我到处走。首先穿过边境的那些村寨，又走山上的小树林，然后绕了几圈以后他们发现安全了，没有人跟踪了，最后才会把我带到那个地方。我在那里差不多等了十分钟，就来了一辆皮卡车，那个车就直接开到我面前，车上就下来三四个人，腰间都挂着手枪。"

受过伤、目睹过牺牲的张牧野顺利通过了和老板的见面，这意味着案件的侦破有了八成把握。但是，让张牧野没想到的是，毒品交易地点的选择历经反复。

张牧野："因为他们也是要对他们来说安全的地点，我们也是要我们安全的地点，双方就不断展开拉锯战。也有很多案件就是因为这个地点谈不拢后来案件就失败了。那个地点也是反复磋商了四五次,他们又要求我到那个边境线上去接,边境线上全是那些树林,全是那些山脉,对他们来说非常有利,但是对我们来说那个地方又太危险了。"

在这起特大跨国武装贩卖毒品案的现场,禁毒大队缴获毒品超过100公斤,该案是景洪市公安局至今破获的最大一起贩卖冰毒晶体案。

记者:"从你卧底到最后收网大概经历了多长时间?"

张牧野:"差不多应该四五个月。"

记者:"当案件真正收网的时候,是不是意味着这个任务完成了,自己的状态可以缓冲休养一段?"

张牧野:"这个案件虽然最后完成了,但只要毒品不绝,我这个工作就永远不可能说完成。"

愿世间再无毒品,英雄都能凯旋,所有的卧底警察在穿越黑暗后终能平安地回到阳光下。[1]

问题五:警察给黑社会通风报信的性质认定

(一)刘健明给黑帮通风报信,构成何种犯罪?

此案可能涉嫌的犯罪包括故意泄露国家秘密罪、包庇罪、帮助犯罪分子逃避处罚罪和包庇黑社会性质组织罪。

《刑法》第417条【帮助犯罪分子逃避处罚罪】有查禁犯罪活动职责的国家机关工作人员,向犯罪分子通风报信、提供便利,帮助犯罪分子逃避处罚的,处三年以下有期徒刑或者拘役;情节严重的,处三年以上十年以下有期徒刑。

---

[1] 参见《面对面》2022年6月26日——"张牧野:非凡任务。"

《刑法》第 294 条第 3 款【包庇、纵容黑社会性质组织罪】国家机关工作人员包庇黑社会性质的组织，或者纵容黑社会性质的组织进行违法犯罪活动的，处五年以下有期徒刑；情节严重的，处五年以上有期徒刑。

《刑法》第 310 条第 1 款【窝藏、包庇罪】明知是犯罪的人而为其提供隐藏处所、财物，帮助其逃匿或者作假证明包庇的，处三年以下有期徒刑、拘役或者管制；情节严重的，处三年以上十年以下有期徒刑。

《刑法》第 398 条【故意泄露国家秘密罪】【过失泄露国家秘密罪】国家机关工作人员违反保守国家秘密法的规定，故意或者过失泄露国家秘密，情节严重的，处三年以下有期徒刑或者拘役；情节特别严重的，处三年以上七年以下有期徒刑。

非国家机关工作人员犯前款罪的，依照前款的规定酌情处罚。

刘健明的一个行为同时触犯上述罪名，属于想象竞合犯，应当择一重罪处罚。

（二）剧中的刘健明删除了陈永仁的警察档案。他触犯了什么罪？

《刑法》第 286 条【破坏计算机信息系统罪】违反国家规定，对计算机信息系统功能进行删除、修改、增加、干扰，造成计算机信息系统不能正常运行，后果严重的，处五年以下有期徒刑或者拘役；后果特别严重的，处五年以上有期徒刑。

违反国家规定，对计算机信息系统中存储、处理或者传输的数据和应用程序进行删除、修改、增加的操作，后果严重的，依照前款的规定处罚。

故意制作、传播计算机病毒等破坏性程序，影响计算机系统正常运行，后果严重的，依照第一款的规定处罚。

单位犯前三款罪的，对单位判处罚金，并对其直接负责的主管人员和其他直接责任人员，依照第一款的规定处罚。

《刑法》第397条【滥用职权罪】【玩忽职守罪】国家机关工作人员滥用职权或者玩忽职守，致使公共财产、国家和人民利益遭受重大损失的，处三年以下有期徒刑或者拘役；情节特别严重的，处三年以上七年以下有期徒刑。本法另有规定的，依照规定。

国家机关工作人员徇私舞弊，犯前款罪的，处五年以下有期徒刑或者拘役；情节特别严重的，处五年以上十年以下有期徒刑。本法另有规定的，依照规定。

一键之间，刘健明彻底删除了陈永仁作为警察的证明，在互联网的警察系统中抹杀了"陈警察"的存在，以至于最后的天台对峙中，陈永仁的"我是警察"已得不到肯定的回应，对于刘健明的那一句"谁知道？"也只能无言以对。

刘健明同时触犯了破坏计算机信息系统罪和滥用职权罪，属于想象竞合犯，应当择一重罪处罚，按照破坏计算机信息系统罪定罪。

问题六：黑社会性质的组织的认定

（一）剧中的韩琛一伙是否可以被认定为黑社会？

1. 黑社会性质的组织的界定[1]

黑社会性质的组织应当同时具备以下特征：

---

[1] 参见《刑法学》编写组：《刑法学》（下册·分论），高等教育出版社2019年版。

（1）形成较稳定的犯罪组织，人数较多，有明确的组织者、领导者，骨干成员基本固定。

（2）有组织地通过违法犯罪活动或者其他手段获取经济利益，具有一定的经济实力，以支持该组织的活动。

（3）以暴力、威胁或者其他手段，有组织地多次进行违法犯罪活动，为非作恶，欺压、残害群众。

（4）通过实施违法犯罪活动，或者利用国家工作人员的包庇或者纵容，称霸一方，在一定区域或者行业内，形成非法控制或者重大影响，严重破坏经济、社会生活秩序。

2. 黑社会性质的组织对于社会的危害性

（1）严重危害社会安全。黑社会性质的组织凭借暴力手段发家，一个黑社会性质的组织在壮大过程中几乎无恶不作。如纠结地痞流氓，到处惹是生非、寻衅滋事，聚众斗殴。放高利贷、收保护费、利用暴力手段追债甚至绑架勒索、威逼恐吓，杀人越货，吸毒贩毒。不同的黑恶势力之间或是拉帮结派或是因利益纠纷而互相斗殴。

（2）严重危害经济秩序。黑社会性质的组织为了巩固自己的地位，壮大自己的力量，几乎都要建立自己的经济基础。黑社会性质的组织建立自己的经济基础时，往往会采取放高利贷、强买强卖、利用暴力打压竞争对手以及破坏竞争环境等手段。它们利用暴力来积攒自己的财产，再利用财产来壮大自己的组织。

（3）对于社会其他层面的渗透。黑社会性质的组织依赖暴力手段解决问题使黑社会性质的组织的势力渗透到社会其他领域。例如，在教育领域，利用暴力、威胁和贿赂等手段操控升学名额。但是更为严重的是在政治领域。个别官员利用黑社会性质的组织的势力打压自己的政治对手，为自己谋取私利；而官员本人也成为黑社会性质的组织的保护伞。这就是"官吃官"。本案中，韩琛一伙形成了以韩琛为首，以企业做幌子，长期从事非法活动的团体，以暴力、威胁或者其他手段，有组织地多次进行违法犯罪活动，称霸一方，严重破坏经济、社会生活秩序，属于黑社会性质的组织犯罪。[1]

拓展与思考

《禁毒一线报告》深山扫毒

2019年的11月19日，四川省广元市公安局禁毒支队接到省公安厅禁毒总队的一条通报信息——广元本地有一个叫李某东的人员可能伙同成都金堂籍的犯罪嫌疑人要在该辖区制造毒品。

经过警方调查发现，李某东49岁，常年在成都市新都区做生意。他伙同唐某富一起策划并实施制毒贩毒活动。唐某富，四川省金堂县人，在成都市经营茶楼。警方开始调查时，李某东等人已购买了十桶以上的麻黄素，每桶25公斤，可制出大约100公斤冰毒。一旦设备到位，不到一周时间就可以制出大量毒品并清理窝点。如果这些冰毒流入社会，不光会带来十分大的危害，并且也会加大查处难度。警方立即成立专案组对此进行侦查。

警方认为，李某东老家在昭化区柏林沟镇，且他家正在修建新房，人流密度大，并不符合制毒的条件，也没有明显的制毒迹象。所以，警方以李某东老家为中心向周边延伸，重点排查与李某东有往来的亲戚与人员，并向驻村干部了解情况。经

---

[1] 参见 https://m.idongde.com/c/B16313C2309aF31A.shtml.

过半个月的侦查，李某东老家东南不足十公里处昭化区文村乡银峰村的一个叫周某青的村民引起了侦查员的注意。周某青是李某东的小舅子，他家在一处山沟的公路旁，周围没有人家，身后是一大片山林，藏毒制毒十分方便，交通方便，也方便消灭证据，可以随时观察有无可疑车辆。侦查员开始在这附近展开侦查，前期发现周某青家中有麻黄素味，出现了制造冰毒的大号搪瓷桶。李某东和周某青近期的联系也比较频繁，所以周某青家，为制毒窝点的可能性十分大。经过研究判断，为保证人赃俱获，又防止毒品外流，专案组决定在3月16日中午开展抓捕行动，并在可能的逃跑路线安排了几组人员伏击。于是便出现了这样的一幕。在一个偏僻的乡村，上百名荷枪实弹的警察冒雨包围了一个简陋的民房，分别从屋外和屋内抓捕了多名犯罪嫌疑人。在民房一层的房间内，凌乱地堆放着十几个大塑料桶，里面装满了液体，两个炉子上的搪瓷桶里正在加热着液体。塑料桶里的固体物质是已经制作好的成品冰毒。搪瓷桶里正在加热的液体，是正在制作的半成品冰毒。在二层的阁楼里，民警还搜出了两箱已经分装好的成品冰毒。经鉴定称重，房间里的成品冰毒有57.6公斤，半成品液态冰毒有125公斤。单次制造毒品量就超过了200公斤，这是一起重大恶劣的制造毒品案。后经警方侦查发现，这只不过是一个制贩毒团伙，这十多年来制造毒品的其中一个缩影。在警方的进一步侦查下，将会有更多更大的制毒贩毒行为浮出水面。

在这次案件中，李某东作为制毒贩毒团伙的头目，负责运输与监督。唐某富与李某俊也是这起案件的主要头目。周某青负责提供并管理制造冰毒的地点。李某东在开始找到周某青，并要求租借他的房屋时，周某青已经猜出了他的想法，但其不但不举报不阻止，反而选择加入其中，并负责打杂、放风。[1]

◇ 思考题

一、李某东组织了这次制毒活动，他犯了什么罪？

二、周某青为他提供了制毒场所并为其打杂、放风，他犯了什么罪？

三、假如贩卖麻黄素的店家明知他们要利用麻黄素制毒，仍将麻黄素卖给他们，店家是否构成犯罪？

---

[1] 参见《今日说法》2022年6月24日——"《禁毒一线报告》深山扫毒"。

第五章
《我的姐姐》

导　　演：殷若昕
编　　剧：游晓颖
出品时间：2021 年
出品公司：联瑞（上海）影业有限公司、浙江横店影业有限公司、霍尔果斯不好意思影视文化有限公司等
主演介绍：

金遥源（饰安子恒），2016 年出生于美国，美国籍演员。

张子枫（饰安然），2001 年 8 月 27 日出生于河南省三门峡市，中国女演员，2020 年考入北京电影学院。

肖央（饰武东风），1980 年 4 月 14 日出生于河北省承德市双滦区，中国男导演、演员、歌手、编剧，毕业于北京电影学院美术系。

朱媛媛（饰安蓉蓉），1974 年 3 月 18 日出生于山东省青岛市市北区，中国女演员，中国国家话剧院国家一级演员，1997 年毕业于中央戏剧学院表演系本科班。

导 读

　　主角安然是在交警通知下,赶到了事故现场,当交警问起她和死者的关系时,安然双眼无神地环顾四周,告诉交警自己是死者的女儿。她简直难以置信,自己的父母就这样逝去了。而在葬礼上,安然才第一次与六岁多的弟弟相见,明明是亲姐弟,二人却仿若素不相识的陌生人。

　　葬礼结束后,安然家的亲戚开始讨论弟弟的去处。而这个弟弟,也有来头。安然小时候也是渴望得到父母关爱的一个小女孩,但当年安然父母为了逃避二胎罚款,特地开了张假证明,上面大致写着"该女孩生有残疾,望生育二胎",可是安然当时还小,小女孩任性不想坐轮椅,当天正欣喜地穿着裙子翩翩起舞,不料刚好被登门拜访的检查人员亲眼撞见安然四肢健全,安然父母的二胎计划也因此被搁置了下来。被戳穿造假的安然父亲因为这件事恼羞成怒暴打了一顿安然,小小的安然心理因此留下了巨大的创伤。后来二胎开放后,安然父母才如愿生了一个儿子——安子恒。

　　安然和父母的关系一直很僵硬,除了安然父母根深蒂固的重男轻女思想,还有一个重要原因是因为在安然填报志愿时,安然父母为了让安然更好的照顾弟弟,有意篡改了安然的高考志愿,使得安然被迫留下来学了不喜欢的专业,这也导致安然对父母失望至极。本来高考就是安然为了摆脱父母、远走高飞、实现自己人生梦想的一条道路,但自私的安然父母怀着让安然早点出来打工赚钱的私心,将安然未来光明的道路阻断了。尽管如此，安然依然没有放弃，她努力准备考研，想着考研去北京继续实现自己的梦想。现如今，父母的双亡打乱了安然的计划，安然面临着考研和抚养弟弟的两难境地。考研去北京，肯定是分不下心神照顾弟弟的，而留在这里照顾弟弟，意味着安然这么多年的努力都将白费。

一开始，安然自是不愿为了弟弟放弃自己坚持多年的梦想。

面对亲戚的指责，安然冷漠地划清与弟弟的关系，态度坚决地说和弟弟不熟。安然姑妈的经历其实和安然相差无几，姑妈劝说安然，自己和安然一样，当年姑妈为了弟弟，也就是安然的父亲，放弃了自己读书的机会，每月还拿出工资的一部分分给弟弟。姑妈也是个命苦的女人，安然父母葬礼的相关事宜，都是姑妈忙上忙下地招待打点。姑妈这辈子，一直都在付出，都没有为自己考虑过，在她心中，血缘关系是最重要的，而姑妈是姐姐，在她从小到大的认知中，姐姐就是要照顾弟弟的，因此她任劳任怨地听从父母安排为了弟弟放弃了自己的梦想。

影片的前半部分，安然和亲戚因为房子一事闹得不可开交，安然甚至准备联系送养家庭，因为她不想抚养弟弟。尽管安然不想抚养弟弟，但依然尽责地照顾弟弟。安然还有个舅舅，是个赌鬼、无业游民，他一直撺掇着安然找肇事司机索要赔偿，安然不愿，因为她没有时间做这些事情，除了上班她还要努力备考。见此，舅舅单独去找了肇事司机谈话，还指使安子恒扰乱安然和男朋友家人的见面。安然虽然生气，但也拿调皮捣蛋的弟弟没有办法。日子一天天过去，安子恒也懵懵懂懂地知道自己的父母永远都不会回来了，弟弟靠在姐姐的肩膀上，无比怀念地说想吃父亲做的红烧肉。安然苦笑了一下，告诉弟弟自己只吃过父亲的"笋子炒肉"，安子恒则回答说自己从来没有被打过，安然听到这话，想到自己当年被父亲暴打的经历，最终还是什么话也没说出口。安然也想过在地铁站丢下弟弟，但看到号啕大哭的弟弟，最终还是没能狠下心。

　　工作中的压力，抚养弟弟的责任，亲戚的指责，男朋友的不理解，压得安然喘不过气。这天，安然正好去约见了多个领养家庭，安然坐在咖啡馆筛选着合适的领养家庭，却被赶来的姑妈打扰，姑妈怒斥安然送养弟弟是卖弟弟的行为。安然很难过，觉得没有人理解自己。这时，愧疚的肇事司机看到安然一人抚养弟弟不容易，帮忙介绍了一个不错的寄养家庭给安然。但受到了安子恒的强烈抗议，安子恒故意表现出任性又无理取闹的一面，还故意用足球砸伤了肇事司机的女儿。而姑妈为了不让安子恒被送养，特意去和谈好的送养家庭污蔑弟弟有暴力倾向，使得送养家庭放弃了领养安子恒的计划。正当安然苦恼弟弟去留之际，舅舅提出可以帮忙照顾弟弟，而姑妈也提出可以照顾弟弟。但其实，安然知道姑妈家是什么情况，姑妈是个好人，对安然视如己出，但从小寄宿在姑妈家的安然依然受了不少苦头。偷看安然洗澡的姑父，总是殴打安然的表哥，种种原因使得安然不想将弟弟交给姑妈抚养。此时，知晓姑父做的混账事后，姑妈对安然心怀愧疚，她和安然谈了自己当初为了弟弟放弃了自己读书的机会，如今时过境迁，姑妈内心不是没有后悔，因此深思熟虑后，姑妈决定支持安然的选择。最后，安然决定将弟弟交给舅舅抚养，谁料，舅舅对安子恒是放养式抚养，安然担心弟弟学坏，也变成像舅舅那样的赌鬼，终于还是将弟弟接了回来。

　　而此时，安子恒主动拨通了电话和原来的寄养家庭解除误会，最终寄养家庭同意抚养安子恒，权衡利弊之下，安然即使不舍，也同意了。一切事情仿佛都进行地很顺利，安然也放下了多年的心结，和对父母的怨恨。但到了最后签署领养协议的时候，听到再也不能和弟弟相见的条件，安然不禁眼眶湿润，迟迟下不了笔，最后安然像是下定决心一般，丢下笔带着弟弟跑了出去，姐弟二人踢着足球，在小雨中追逐嬉戏，影片最后，安然抱着弟弟号啕大哭。究竟是放弃梦想还是抚养弟弟，我们不得而知，但相信每个人心中都有属于自己的答案。

本章核心问题

问题一：父母离世后，安然有抚养弟弟的义务吗？

◇ 场景片段重现

安然父母遭遇车祸纷纷离世，而天降的弟弟让安然不知所措，她并不想照顾弟弟，她对这个弟弟并没什么感情，因为这是父母瞒着她生下来的。一时间，除了要照顾六岁的弟弟，正在准备考研和实习的安然，压力十分大。

答：有。

《民法典》第27条规定："父母是未成年子女的监护人。未成年人的父母已经死亡或者没有监护能力的，由下列有监护能力的人按顺序担任监护人：（一）祖父母、外祖父母；（二）兄、姐；（三）其他愿意担任监护人的个人或者组织，但是须经未成年人住所地的居民委员会、村民委员会或者民政部门同意。"

由于安然的祖父母、外祖父母已经去世，成年的安然自然应该担任弟弟的监护人，有义务抚养弟弟。

问题二：如果父母离婚后遗弃子女，那么兄、姐有法定义务去扶养弟、妹吗？

◇ 场景片段重现

假设安然的父母还在世，只是离婚了，但他们不想抚养弟弟，或者说，安然父母弃养了，那安然是否有抚养弟弟的责任？

答：如果安然父母还在世，只是离婚了，兄、姐没有抚养弟、妹的义务；如果父母弃养，则构成遗弃罪。

《民法典》第1067条第1款规定："父母不履行抚养义务的，未成年子女或者不能独立生活的成年子女，有要求父母给付抚养费的权利。"

《刑法》第261条规定："对于年老、年幼、患病或者其他没有独立生活能力的人，负有扶养义务而拒绝扶养，情节恶劣的，处五年以下有期徒刑、拘役或者管制。"

父母弃养并不会必然引起兄或姐对弟或妹的法定扶养义务。如果父母遗弃未成年子女情节恶劣的，可能会构成遗弃罪，会被判处5年以下有期徒刑、拘役或管制。

拓展

遗弃罪，是指对于年老、年幼、患病或者其他没有独立生活能力的人，负有扶养义务而拒绝扶养，情节恶劣的行为。

《刑法》第261条规定："对于年老、年幼、患病或者其他没有独立生活能力的人，负有扶养义务而拒绝扶养，情节恶劣的，处五年以下有期徒刑、拘役或者管制。"

相关案例一：王某志、杨某仙遗弃案。被告人王某志、杨某仙夫妇已生育二子一女，2010年9月16日，又生下一男婴。

2011年2月,被告人王某志、杨某仙与王某勇经协商达成协议,将亲生男孩过继给王某勇抚养。王某勇支付王某志、杨某仙哺乳费人民币4万元。协议签订后,王某勇支付给被告人王某志、杨某仙人民币1万元,将该男婴带回家中。王某志、杨某仙是否构成遗弃罪或拐卖儿童罪?

答:王某志、杨某仙构成遗弃罪。

本案对王某志、杨某仙夫妻的行为是构成拐卖儿童罪还是遗弃罪,存在争议。而现实生活往往更加复杂,这就需要我们具体问题具体分析。就本案而言,王某志、杨某仙夫妻由于家庭负担不起第四个孩子,不得已才将小儿子送给他人抚养,以减轻家庭负担。在本案中,王某志、杨某仙夫妻二人事先专门去了解了王某勇确实想收养孩子后,才将孩子送出,在其签订的协议中我们也可以看到,他们是被允许到家探访的。因此,这起案件并不是为了牟利而出卖儿童,而是王某志、杨某仙希望小孩可以得到更好的抚养。

因此,可以判断被告人王某志、杨某仙出卖亲生子女的行为,其主观目的在于放弃或拒绝承担抚养义务,而非将亲生子女当作商品明码标价予以出卖,故而认定其行为构成遗弃罪,而非拐卖儿童罪。

裁判结果

依照《刑法》的规定,判决被告人杨某仙犯遗弃罪,判处管制2年;被告人王某志犯遗弃罪,判处管制1年10个月。[1]

相关案例二:韩某控告张某新遗弃案。韩某系韩某伍与刘

---

[1] 参见最高人民法院发布98例未成年人审判工作典型案例之二十四:王某志、杨某仙遗弃案。

某婚生子，智障残疾人，生活不能自理。2009年10月，韩某伍与刘某离婚，韩某由刘某抚养。2013年8月，刘某与张某新结婚，韩某随二人共同生活。2014年2月26日，张某新私自将韩某送上北京的客车，韩某在北京流浪，直至2014年3月13日才被家人找回。2014年4月，刘某与张某新离婚。2015年1月5日，韩某以张某新犯遗弃罪提出控告，并要求赔偿经济损失。张某新的行为是否构成遗弃罪？

答：张某新构成遗弃罪。本案是涉及成年智障人的监护问题及继父母子女的监护关系。在本案中，尽管韩某已满18周岁，但医院证明其属于智障人，即在法律上属于不完全民事行为能力人，即使成年，也依然需要被监护与扶养。在法律认定上，继父母子女共同生活，已经形成事实上的扶养关系，倘若继父母对子女不进行扶养，或继承子女对父母不进行扶养均应承担相应的法律责任。

本案中，作为继父的张某新本应履行却选择逃避对继子应尽的扶养义务，还残忍将其送上客车，企图抛弃继子，其行为十分恶劣。尽管抛弃继子后张某新与刘某离婚了，并与韩某亦自动解除了扶养关系，但这也不能否定张某新在法律规定履行扶养义务，并依然存在扶养关系期间，对韩某所做的恶劣行径。张某新的行为已然构成遗弃罪，理应受到法律的制裁。幸而张某新抛弃韩某后，韩某被找回，并得到了较好的扶养。

裁判结果

河南省滑县人民法院在审理过程中认为，韩某虽已成年，但因系智障残疾人，系不完全民事行为能力人，需要监护。张某新作为其继父，与其共同生活，形成事实上的扶养关系，具有法定的扶养监护义务，张某新不履行法定监护义务，私自将韩某送走，让其脱离监护人监护而流离失所，其行为已构成遗弃罪。针对自诉案件的特殊性，法院针对该案事实进行了调解，张某新认识到自己的犯罪行为，最终双方和解，自诉人撤回自诉。[1]

问题三：安然想去考研，甩掉弟弟这个包袱，送养弟弟是否合法？

◇ 场景片段重现

安然在考研与照顾弟弟中难以抉择，她尝试了各种办法，想让舅舅收养弟弟，但担心舅舅教坏弟弟；想送养弟弟，自己却舍不得弟弟。

答：合法。

《民法典》第1093条规定，下列未成年人，可以被收养：①丧失父母的孤儿；②查找不到生父母的未成年人；③生父母有特殊困难无力抚养的子女。

《民法典》第1094条规定，下列个人、组织可以作送养人：①孤儿的监护人；②儿童福利机构；③有特殊困难无力抚养子女的生父母。

《民法典》第1098条规定，收养人应当同时具备下列条件：①无子女或者只有一名子女；②有抚养、教育和保护被收养人的能力；③未患有在医学上认为不应当收养子女的疾病；④无

---

[1] 参见最高人民法院公布49起婚姻家庭纠纷典型案例之十四：韩某控告张某新遗弃案。

不利于被收养人健康成长的违法犯罪记录；⑤年满30周岁。

《民法典》第1099条规定，收养三代以内旁系同辈血亲的子女，可以不受该法第1093条第3项、第1094条第3项和第1102条规定的限制。即：收养三代以内旁系同辈血亲的子女，可以不受以下三项条件的限制：第一，被收养人生父母有特殊困难无力抚养；第二，送养人有特殊困难无力抚养子女；第三，无配偶者收养异性子女年龄相差40周岁以上。华侨收养三代以内旁系同辈血亲的子女，还可以不受本法第1098条第1项规定的限制。

《民法典》第1100条规定，无子女的收养人可以收养两名子女；有子女的收养人只能收养一名子女。收养孤儿、残疾未成年人或者儿童福利机构抚养的查找不到生父母的未成年人，可以不受前款和该法第1098条第1项规定的限制。

《民法典》第1101条规定，有配偶者收养子女，应当夫妻共同收养。

《民法典》第1102条规定，无配偶者收养异性子女的，收养人与被收养人的年龄应当相差40周岁以上。

本案中，姐姐安然作为监护人，由于生活困难，有权送养弟弟。

拓展[1]

收养的定义：指公民（自然人）依法领养他人子女，与被领养人形成拟制血亲父母子女关系的法律行为，也延伸为公民私自抱养或者私自领养他人子女，形成事实抚养和客观拟制血亲父母子女关系的社会行为。

---

[1] 参见 https://police.news.sohu.com/a/552898642_121364097.

送养的定义：指公民（自然人）因为客观原因无法抚养其亲生子女而通过自愿的形式并经民政局评估和审批后，把其亲生子女送养给其他第三人的行为，后来也延伸为民间私自送养的并不具备法律效力而存在客观事实的送养行为。

收养和送养在生活中的具体表现情形：

（1）民间私自送养和私自收养并没有收养手续。

（2）经过福利院或民政局审批具备送养和收养手续。

（3）亲属关系之间互相送养收养形成事实但不具备收养手续。

（4）私自收养弃婴，形成事实抚养但不具备收养手续。[1]

问题四：如果安然抛弃了弟弟，需要承担什么法律责任？

◇ 场景片段重现

安然因弟弟太过闹腾，一气之下曾想过在地铁站丢下弟弟，但最后看着哭得撕心裂肺的弟弟，还是心软了。

答：安然可能构成遗弃罪。

《刑法》第261条规定，对于年老、年幼、患病或者其他没有独立生活能力的人，负有扶养义务而拒绝扶养，情节恶劣的，处5年以下有期徒刑、拘役或者管制。

作为弟弟的监护人，安然有监护弟弟的义务和职责，她在地铁站丢下弟弟，是不履行监护职责和不尽扶养义务的行为。情节恶劣的可能会构成遗弃罪，要承担刑事法律责任。

---

[1] 参见 https://baijiahao.baidu.com/s?id=1732967360862403524&wfr=spider&for=pc.

相关案例：张三丢弃男婴案。张三在某小区独自产下一名男婴，当天晚上，张三将该男婴裹上浴巾后，装在黑色塑料袋中，意图丢弃于小区垃圾桶中。张三丢弃时，遇垃圾分类督导员询问，谎称袋中为"死掉的小狗"，并将男婴丢弃在"其他垃圾"桶中。督导员欲将该塑料袋转移到"厨余垃圾"桶，才发现里面是一名婴儿，立即报警。该男婴被送入社会福利中心儿童福利院监护抚养。

张三的恶劣行为对婴儿的身心造成极大影响，根据法律规定，可以撤销张三的监护人资格，并且为婴儿安排必要的临时监护措施，选择最有利于孩子的监护人。

裁判结果

最终法院以张三犯故意杀人罪，判处有期徒刑 3 年，缓刑 5 年，并撤销监护人资格。

（一）这种情况下，父母弃养，孩子该怎么办？

答：《民法典》第 31 条第 1 款规定，对监护人的确定有争议的，由被监护人住所地的居民委员会、村民委员会或者民政部门指定监护人，有关当事人对指定不服的，可以向人民法院申请指定监护人；有关当事人也可以直接向人民法院申请指定监护人。因此像这种情况，民政局就可能会依法指定社会福利中心作为孩子的监护人。

（二）张三出狱后，是否还有担任孩子监护人的资格？

答：没有。孩子不是父母说了算，父母监护资格也可能被撤销。根据《民法典》第 36 条的规定，张三实施了严重损害孩子身心健康的行为，其监护人资格将被撤销。

(三) 孩子不由其生母张三监护后，张三是否可以不支付抚养费？

答：不可以。孩子不由张三监护，但张三该出的抚养费一分不能少。《民法典》第1067条第1款规定，父母不履行抚养义务的，未成年子女或者不能独立生活的成年子女，有要求父母给付抚养费的权利。《民法典》第37条也规定，依法负担被监护人抚养费的父母即使被撤销监护人资格，也应继续履行负担的义务。

(四) 假如以后张三悔改了，那张三还可以申请成为孩子的监护人吗？

答：不可以。虽然《民法典》第38条规定被监护人的父母被人民法院撤销监护人资格后，确有悔改表现的，经其申请，人民法院可以在尊重被监护人真实意愿的前提下，视情况恢复其监护人资格，但是对被监护人实施故意犯罪的除外。因此，即使将来张三悔改，也不可以申请成为小孩的监护人。

(五) 弃婴长大后，有义务赡养亲生母亲吗？

答：没有义务。

根据《民法典》第1111条的规定，自收养关系成立之日起，养子女与生父母及其他近亲属间的权利义务关系，因收养关系成立而消除。所以，弃婴被收养后没有义务赡养亲生父母。[1]

---

[1] 参见 https://xw.qq.com/cmsid/20220604A08OT700.

问题五：安然父母不经安然允许更改安然的高考志愿，是否违法？

◇ 场景片段重现

安然高考时填报的是北京临床医学专业，但父母偷偷改成了家乡的护理专业，理由是"女孩要早点赚钱养家"。

答：违法，因为该行为可能构成破坏计算机信息系统罪。

《刑法》第286条第1款规定，违反国家规定，对计算机信息系统功能进行删除、修改、增加、干扰，造成计算机信息系统不能正常运行，后果严重的，处5年以下有期徒刑或者拘役；后果特别严重的，处5年以上有期徒刑。

如果安然那时是未成年人，作为法定监护人，父母可以代为填报高考志愿，但应充分听取安然的意见；如果安然那时已经成年，而父母通过计算机偷偷篡改安然的志愿，情节严重的，涉嫌破坏计算机信息系统罪。

很多时候，父母的意愿，终究不是孩子的选择。父母篡改的，不仅是志愿，更是孩子的人生。失去选择权的人生，永远都找不到自我的意义。就像心理学家武志红曾说的："一个生命的意义就在于选择，只有不断地为自己的人生做选择，这个人才算活过；相反，假若自己的人生总是被别人选择，那么这个人可以说是白活了。"现如今父母篡改孩子志愿的事情时有发生，希望这类事情可以少一点，也希望家长们能够多关心孩子的个人意愿。

问题六：安然有义务将出卖父母赠送给她的房子的钱分给弟弟吗？

◇ **场景片段重现**

姐姐安然的父母在过世前将房子过户给了姐姐，面对姐姐卖房子的行为，姐姐是否有义务将卖房子所得的钱分给年仅6岁的弟弟？在剧情中，安然是决定分给弟弟的。

答：没有义务。

《民法典》第657条规定，赠与合同是赠与人将自己的财产无偿给予受赠人，受赠人表示接受赠与的合同。《民法典》第1121条第1款规定，继承从被继承人死亡时开始。《民法典》第1122条规定，遗产是自然人死亡时遗留的个人合法财产。依照法律规定或者根据其性质不得继承的遗产，不得继承。

这套房子是安然的父母在生前已经过户给安然的，不属于遗产。由于已经办理完房屋所有权变更登记，赠与已经完成，因此安然没有义务将售房款分给弟弟。即便是遗产，如果父母将其留给了安然，安然也没有义务给予其弟弟。

拓展：房产过户和赠与有什么不同？[1]

房产赠与流程：

（1）赠与人与受赠人需要订立房屋赠与协议。

（2）受赠人凭原房屋所有权证、赠与协议、缴纳契税，领取契单。

（3）到公证处办理赠予公证，缴纳公证费。

（4）办理房屋所有权转移登记手续。由受赠人到房地产管

---

[1] 参见 https://www.66law.cn/laws/604188.aspx.

理部门申请变更登记并提交相关证件。

房产过户流程：

（1）房产过户不经过房地产中介的话，须把合同的条款和违约条款写清楚，签合同时须卖方房产证上面名字的当事人在场（如果是已婚的话，需要夫妻双方在场及签字，哪怕房产证上面只有一个人的名字）。

（2）申请材料准备好后，须到房产局，填写一些表格和一个存量合同，存量合同上面的金额一定要和签订合同上面的金额一样。

（3）房产过户的申请材料都交给房产局后，房产局会给予一个回执单，按照回执单上面说明的日期去缴纳税金，一般需要15个工作日左右。

（4）房产过户税金缴纳完毕后便可拿到房产证。

房产过户注意事项：[1]

（1）若单位购买私房，还需提交单位法人或其他组织资格证明（营业执照或组织机构代码）原件及复印件（加盖公章），单位法定代表人办证委托书（收件窗口领取），受托人身份证原件及复印件。

（2）若非住宅转移，还需提交土地使用权证书。

（3）若当事人不能亲自办理，需出具委托书或公证书，受委托人需出具身份证原件及复印件。

（4）房屋若已出租，且承购人非承租人的，需提交承租人放弃优先购买权证明。

（5）若有共有权人需出具共有权人同意出售证明和共有权

---

[1] 参见 https://m.loupan.com/bk/92895.htm。

证书。

（6）若经法院判决的，需出具法院判决和协助执行通知书。去交易中心办理过户手续，带上房产证原件、复印件、身份证、复印件，去办理过户手续需要原房主夫妻双方到场；带上身份证、户口本、房产证、契证、结婚证（单身的需要单身证明）买的人只要带上身份证就可以申请房屋所有权转移登记，应当提交下列材料：①登记申请书；②申请人身份证明；③房屋所有权证书或者房地产权证书；④证明房屋所有权发生转移的材料；⑤其他必要材料。（注意：上述第④项材料，可以是买卖合同、互换合同、赠与合同、受遗赠证明、继承证明、分割协议、合并协议、人民法院或者仲裁委员会生效的法律文书，或者其他证明房屋所有权发生转移的材料。）

问题七：表哥把安然当成"沙包"和姑父偷看安然洗澡是否构成犯罪？

◇ 场景片段重现

安然小时候寄养在姑妈家，但寄人篱下的安然不仅被表哥当成"沙包"拳打脚踢，姑父更是人面兽心，公然偷看安然洗澡，这些给安然的心理带来了极大的创伤。

答： 表哥涉嫌故意伤害罪，而姑父涉嫌猥亵儿童罪。

拓展一：故意伤害罪[1]

故意伤害罪是指行为人故意非法损害他人身体健康的行为。《刑法》第234条之一规定，组织他人出卖人体器官的，处

---

[1] 参见"故意伤害罪"，载百度百科 https://baike.so.com/doc/5367038-5602784.html。

5 年以下有期徒刑，并处罚金；情节严重的，处 5 年以上有期徒刑，并处罚金或者没收财产。未经本人同意摘取其器官，或者摘取不满 18 周岁的人的器官，或者强迫、欺骗他人捐献器官的，依照该法第 234 条、第 232 条的规定定罪处罚。违背本人生前意愿摘取其尸体器官，或者本人生前未表示同意，违反国家规定，违背其近亲属意愿摘取其尸体器官的，依照该法第 302 条的规定定罪处罚。

量刑标准：构成故意伤害罪的，可以根据下列不同情形在相应的幅度内确定量刑起点：

（1）故意伤害致一人轻伤的，可以在 2 年以下有期徒刑、拘役幅度内确定量刑起点。

（2）故意伤害致一人重伤的，可以在 3 年至 5 年有期徒刑幅度内确定量刑起点。

（3）以特别残忍手段故意伤害致一人重伤，造成六级严重残疾的，可以在 10 年至 13 年有期徒刑幅度内确定量刑起点。依法应当判处无期徒刑以上刑罚的除外。

在量刑起点的基础上，可以根据伤害后果、伤残等级、手段残忍程度等其他影响犯罪构成的犯罪事实增加刑罚量，确定基准刑。故意伤害致人轻伤的，伤残程度可在确定量刑起点时考虑，或者作为调节基准刑的量刑情节。

加重情节：

（1）对于累犯，应当综合考虑前后罪的性质、刑罚执行完毕或赦免以后至再犯罪时间的长短以及前后罪行轻重等情况，增加基准刑的 10%~40%，一般不少于 3 个月。

（2）对于有前科的，综合考虑前科的性质、时间间隔长短、次数、处罚轻重等情况，可以增加基准刑的 10% 以下。前科犯罪为过失犯罪和未成年人犯罪的除外。

（3）对于犯罪对象为未成年人、老年人、残疾人、孕妇等弱势人员的，综合考虑犯罪的性质、犯罪的严重程度等情况，可以增加基准刑的20%以下。

（4）对于在重大自然灾害、预防、控制突发传染病疫情等灾害期间故意犯罪的，根据案件的具体情况，可以增加基准刑的20%以下。

拓展二：强制猥亵、侮辱罪与猥亵儿童罪[1]

强制猥亵、侮辱罪，是指违背被害人的意愿，以暴力、胁迫或者其他方法强制猥亵他人或者侮辱妇女的行为。

"暴力"方法，是指犯罪分子直接对被害妇女施以伤害、殴打等危害妇女人身安全和人身自由，对其进行身体强制使妇女不能抗拒的方法；"胁迫"方法，是指犯罪分子对被害妇女施以威胁、恐吓，进行精神上的强制，以迫使妇女就范，不敢抗拒的方法。如以杀害被害人、加害被害人的亲属相威胁的；以揭发被害人的隐私相威胁的；利用职权、抚养关系，从属关系及妇女孤立无援的环境相胁迫的等。"其他方法"，是指犯罪分子使用暴力、胁迫以外的使被害妇女不知抗拒、无法抗拒的方法。如利用妇女生病、熟睡之机进行猥亵、侮辱的；将妇女灌醉、麻醉后进行猥亵、侮辱的，等等。"强制猥亵"，主要是指违背妇女的意愿，以脱光衣服、抠摸等淫秽下流的手段猥亵妇女。"侮辱"，主要是指违背妇女的意愿，以多次偷剪妇女的发辫、衣服，向妇女身上泼洒腐蚀物、涂抹污物，故意向妇女显露生

---

[1] 参见 https://wenku.baidu.com/view/e5762641ac1ffc4ffe4733687e21af45b307fe29.html.

殖器、追逐、堵截妇女等手段侮辱妇女，情节恶劣的行为。

猥亵儿童罪，是指对不满 14 周岁儿童实施猥亵的行为。

与强制猥亵、侮辱罪不同的是，构成猥亵儿童罪，并不以暴力、胁迫或者欺骗方法为条件，但如果实施暴力、胁迫或者欺骗方法强制猥亵的行为，仍可以构成本罪。

强制猥亵、侮辱罪与猥亵儿童罪的量刑标准：[1]

（1）强制猥亵、侮辱妇女情节一般的，为拘役 6 个月。

（2）采用胁迫或其他方法强制猥亵或者侮辱妇女 1 人的，为拘役 6 个月。

（3）采用暴力方法强制猥亵或者侮辱妇女 1 人的，为有期徒刑 1 年。

（4）对同一妇女强制猥亵或者侮辱，每增加 1 次，刑期增加 3 个月。

（5）强制猥亵或者侮辱妇女每增加 1 人，刑期增加 6 个月。

【5 年以上有期徒刑基准刑参照点】

（1）聚众强制猥亵或者侮辱妇女 1 人的，为有期徒刑 5 年。

（2）在公共场所强制猥亵或者侮辱妇女 1 人的，为有期徒刑 5 年。

（3）聚众或者在公共场所当众强制猥亵或者侮辱妇女，每增加 1 人，刑期增加 2 年；对同一妇女多次强制猥亵或者侮辱的，每增加 1 次，刑期增加 1 年。

造成被猥亵对象轻微伤的，重处 20%。

【猥亵儿童重处规定】

猥亵儿童的，重处 20%；造成轻微伤的，重处 100%。

---

[1] 参见 http://www.010bianhu.com/cgaltwo_ 617. aspx.

【个罪自由裁量权规则】

按本节规定对个案量刑时,合议庭(独任庭)根据人身危险性、社会危害性综合量刑要素考虑,依《刑法》第114条量刑时,可行使6个月以内的自由裁量权;依《刑法》第115条量刑时,可行使1年以内的自由裁量权。

拓展与思考

丈夫的身后事[1]

柯某在情人郭某家中心肌梗死抢救无效死亡,留下其妻子金女士、女儿,还有他的遗产。五年后,金女士就丈夫留下的遗产(主要是一套房子)的分配不均,将女儿、丈夫的父母告上了法庭。关于这套房子是属于夫妻共同财产,还是属于柯家人的宅基地,一时间,各方争执不下。而牵扯出来的,除了当时土地证件的问题,还有关于金女士是否和柯某是事实婚姻关系,他们并没有领结婚证,那金女士又是否享有继承权,这又是一大问题。

经法院判定:金女士最终享有65%的份额,其女儿享有15%的份额,柯老先生和其爱人各享有10%的份额。

◇ **思考题**

一、情妇插足柯某和金女士的婚姻,犯法吗?

二、关于事实婚姻的定义是什么?

三、如果柯某与金女士是在没有房产证的基础上,对房子进行装修改造,那最后的遗产分配又该怎样?

---

[1] 参见《今日说法》2021年11月6日——"丈夫的身后事"。

第六章
《喊山》

导　　演：杨子
编　　剧：杨子
出品时间：2016 年
出品公司：北京海润影业有限公司、威秀电影亚洲公司
主演介绍：

王紫逸（饰韩冲），1982 年 10 月 19 日出生于北京市，中国男演员，毕业于中央戏剧学院。

郎月婷（饰红霞），1985 年 3 月 22 日出生于辽宁省大连市，中国女演员、钢琴演奏者，毕业于中央音乐学院。

成泰燊（饰韩父），1971 年 6 月 12 日出生于山西省吕梁市交城县，中国男演员，毕业于中央戏剧学院。

余皑磊（饰腊宏），1977 年 11 月 29 日出生于河北省唐山市，中国男演员，毕业于北京电影学院。

导　读

　　影片的开头，一个跛脚的男人拖着步伐慢慢关上了大门，将炉火旁的女人死死地抓住并摁在了床上，奇怪的是，女人虽一直反抗，却并未出声。镜头拉开，门外的小女孩回望了一眼关闭的大门，又继续无事发生一样看向怀里还在襁褓的小孩。故事发生在1984年的太行山岸山坪，而影片开头的男人叫腊宏，女人是他的婆娘哑巴，小女孩叫大，怀里的小孩正是哑巴和腊宏的儿子。

　　村里还有户人家，韩爹和他儿子韩冲，韩冲和对面山头的琴花的暧昧关系村里人尽皆知，最近，韩冲从琴花那讨要了雷管子来炸野生獾子，想着兴许能炸几只獾子赚钱用来迎娶琴花。

　　这天，大让腊宏帮她采摘果子，腊宏提着篮子走向了山里。突然一声巨响，而后夹杂着哭喊声响彻天空，韩冲刚听到巨响以为是雷管子炸到獾子了，但细听那连绵不绝的哭喊声后，他急忙跑了过去。没想到，没炸着獾子，腊宏横躺在血泊中，不远处是他被炸断的半截腿。韩冲见雷管子真的炸着了人，一下子慌了神，这时候村里闻声而来的村民也到了，他们一齐把腊宏抬回他家，由于村里医疗技术不方便，腊宏的伤势全靠村里人的帮忙，但天意难违，腊宏还是咽了气。

　　王胖孩等人见此连夜和村长还有韩爹等人商量赔偿问题，他们不想村子蒙上杀人的污点，想着私了赔偿钱款，于是一致决定不报公安。第二天，腊宏就下葬了，村里人忙前忙后，但刚抬起棺材，棺材的一角便断了，哑巴见状，不着痕迹地笑了笑，面上依旧是一副事不关己的样子。直到腊宏的棺材下葬时，哑巴似受不了了一般，双膝跪地，撕心裂肺地哭了，村民见此，也纷纷掩面而泣。哭到一半，哑巴突然回头看向周围哭丧的人群，又忍不住捂着嘴笑起来。

王胖孩等人在和哑巴商量赔款的事情时，意外发现原来哑巴有名字，还写的一手好字，哑巴名唤红霞。红霞再三表明自己不要赔偿，但王胖孩等人坚持以红霞神志不清为由，暂定让韩冲照顾红霞母子三人的生活起居和一日三餐，直到红霞确定赔款事项。对此红霞没有异议，她高兴地拿着字据回了家。

尽管韩冲内心百般不愿，但第二天依然提着吃食来到红霞家，还帮忙劈柴，修补家具，不仅如此，韩冲还让大去念书等。在此期间，韩冲不是没有找过琴花借钱，但奈何琴花态度坚决，不肯借这么多钱给韩冲，借钱赔偿一事也搁置下来了，韩冲安安心心地照顾红霞母子三人。韩冲尽心尽力地照顾红霞母子，红霞也会帮忙给韩冲缝补衣服，日子逐渐平稳起来，两人的关系也逐渐升温。

但生活总不尽人意，红霞偶尔也会想起以前的事情，原来，红霞以前是大户人家的女儿，住着大宅子，有着疼爱的双亲，还会念诗写字，但天有不测风云，在一次看戏中途，由于人潮拥挤，小红霞走散了，这也造就了红霞的不幸生活的开始——她被人贩子卖到了腊宏家。小红霞偶然偷听到腊宏打死了大的母亲，不料被腊宏发现偷听，腊宏为了惩罚红霞硬生生用扳手拔掉了红霞的一颗牙齿，并威胁她不准说出去，小红霞受了刺激，此后便再也说不出话，成了人们口中的哑巴。

某天，王胖孩偶然发现了腊宏疑似是公安正在追捕的杀人犯，在找红霞求证之后，确定了这一事实，但此事却被琴花偷听得知。琴花对韩冲与红霞的私情很是嫉妒，因此将腊宏是杀人犯的事情宣扬了出去。村里人得知后，纷纷表示要将哑巴母子赶出去，避免损害村子的名声，见状，韩冲不顾大家阻挠，坚持要自己承担此事，韩冲担心如果将哑巴母子三人赶走，她们恐怕难以生存，因此他选择去自首承认错误。

  翌日，村里人分成了男女两部分，男丁都去拦着韩冲自首，女人们则堵在红霞家门口，嚷嚷着要撵她出去。韩冲为了保护红霞，拿起棍子就和村里人打了起来。这时，传来的警车声让躁动的村民一下子安静了起来。原来是韩爹昨晚得知村里人要阻挠韩冲自首，在良知的驱使下，韩爹忍痛连夜找来了警察。

  在此事本该尘埃落定之际，韩冲老老实实指认现场时，红霞突然闯了过来，举着一张写着"人是我杀的"字条，红霞在纸上写明了她的作案方式，原来韩冲埋雷管子那天，红霞看的一清二楚，并将位置记在心里。然后红霞指使大让腊宏采摘果子，刚好雷管子在果子树下，就这样，雷管子炸着了腊宏。腊宏被炸着那天，其实腊宏不是因失血过多而咽气的。是红霞看着床上行动不便的腊宏，慢慢捂住了他的口鼻，生生将腊宏捂死了。

  就这样，红霞被铐上了手铐，临走前，她对韩爹下跪，含泪看着韩爹，韩爹懂了，他向红霞承诺，会好好照顾两个孩子，红霞这才放心。警车慢慢驶离了村子，警车上，红霞一脸坚定，丝毫没有后悔。后经公安部门调查，拐卖红霞的罪犯已被抓获并判刑，红霞也有望获悉自己的身世，影片也到此结束了。

本章核心问题

问题一：韩冲埋炸药炸獾子导致腊宏死亡，构成什么罪？

◇ 场景片段重现

韩冲听了琴花的建议，用她给的炸药制作了雷管，并将其埋在野毛桃果树下，想着炸獾子赚钱，却没想到炸死了来摘野毛桃果给女儿的腊宏。

（这里对哑巴是否捂死腊宏不做细节讲述，假设条件即为：腊宏是被炸后不久咽气，与哑巴无关。）

答：韩冲构成过失致人死亡罪。

过失致人死亡罪是指行为人因疏忽大意没有预见到或者已经预见到而轻信能够避免造成他人死亡，剥夺他人生命权的行为。《刑法》第233条规定，过失致人死亡的，处3年以上7年以下有期徒刑；情节较轻的，处3年以下有期徒刑。该法另有规定的，依照规定。（备注：《刑法》另有规定是指失火、交通肇事致人死亡的，按失火罪、交通肇事罪的规定处罚。）[1]

对于过失的认定：①过于自信的过失。过于自信的过失是指行为人虽已预见到自己的行为可能发生危害社会的结果，但轻信可以避免，以致发生了危害结果。②疏忽大意的过失。疏忽大意的过失是指行为人应当预见自己的行为可能发生危害社

---

[1] 参见"过失致人死亡罪"，载百度百科 https://baike.so.com/doc/5418063-5656223.html。

会的结果，因为疏忽大意而没有预见，以致发生了危害结果的心理状态。(这种预见的义务，来源于法律、法规、规章制度或社会习俗。)[1]

拓展：故意犯罪、过失犯罪与不是犯罪的认定

认定	法条规定
故意犯罪	《刑法》第14条　明知自己的行为会发生危害社会的结果，并且希望或者放任这种结果发生，因而构成犯罪的，是故意犯罪。故意犯罪，应当负刑事责任。
过失犯罪	《刑法》第15条　应当预见自己的行为可能发生危害社会的结果，因为疏忽大意而没有预见，或者已经预见而轻信能够避免，以致发生这种结果的，是过失犯罪。过失犯罪，法律有规定的才负刑事责任。
不是犯罪	《刑法》第16条　行为在客观上虽然造成了损害结果，但是不是出于故意或者过失，而是由于不能抗拒或者不能预见的原因所引起的，不是犯罪。

本案中，韩冲埋下雷管，但是疏忽大意以为不会炸死人而导致腊宏死亡的结果，构成过失致人死亡罪。

相关案例："货拉拉事件"

2021年2月6日15时许，周某春通过手机APP货拉拉平台接到车某某的搬家订单，区间为岳麓区天一美庭小区至步步高梅溪湖国际公寓，总费用51元，其中车某某支付39元，平台补贴12元。当日20时38分，周某春驾车抵达天一美庭小区并与车某某取得联系。两人见面后，周某春询问车某某是否需要付

---

[1] 参见 https://www.bilibili.com/video/BV1kq4y1V7zG? spm_ id_ from = 333. 337. search-card. all. click&vd_ source = 0161806ded3b46df94cb5b77a0bb92a2.

费搬运服务，被车某某拒绝。车某某先后15次从1楼夹层将衣物、被褥等生活用品以及宠物狗搬至车上，期间，周某春多次催促车某某快点搬东西上车出发，并告知车某某，按照货拉拉平台规定，司机等待时间超过40分钟将额外收取费用，车某某未予理会。21时14分，周某春驾驶车辆出发前往目的地，车某某坐副驾驶位，周某春又问车某某到达目的地后需不需要卸车搬运服务，再次遭到车某某的拒绝。在行驶过程中，周某春为节省时间并提前通过货拉拉APP抢接下一单业务，更改了行车路线。21时29分许，车辆行至林语路佳园路口时，车某某两次提出车辆偏航，周某春起先未搭理，后用恶劣口气表露对车某某的不满；车辆行至林语路曲苑路口时，车某某又两次提出车辆偏航并要求停车，周某春未予理睬。发现车某某起身离开座椅并将身体探出车窗外后，周某春未采取语言和行动制止，也没有紧急停车，仅轻点刹车减速并打开车辆双闪灯。车某某从车窗坠车后，周某春停车查看，发现车某某躺在地上，头部出血。21时30分34秒，周某春拨打120急救电话，21时34分16秒拨打救护车电话，21时39分，在救护车司机的提醒下拨打110报警。司机周某春的行为是否构成过失致人死亡罪？

解析： 周某春作为货拉拉平台的签约司机，只是因为等候车某某的时间过长和多次提议收费被车某某拒绝后，就心生不满。周某春违背了平台安全规则，身为司机，他有义务提醒乘客系好安全带，可是他既没有提醒车某某系好安全带，又无视车某某反对偏航的意见，还驾驶车辆到较为偏僻的路径，使得车某某非常恐慌，并在多次与周某春交流无果后，不得已而离开座位并将头伸出车窗外多次。周某春明明察觉到了车某某的危险举动，并已经预见到车某某有可能坠车的后果，但轻信可以避免，且未采取制止措施，导致真的发生车某某坠车死亡的惨痛后果。在刑法认定上，周某春的过失行为与车某某的死亡结果是存在因果关系的，因此周某春的行为已经构成过失致人死亡罪。

裁判结果：最终，人民法院判处周某春构成过失致人死亡罪，判处有期徒刑 1 年，缓刑 1 年。[1]

问题二：在民事赔偿中，如果一方当事人属于精神病人，如何解决赔偿的当事人问题？

◇ 场景片段重现

红霞自从小时候被拐卖到腊宏家，在一次偷听腊宏说话后，被腊宏拔掉了两颗牙齿，从此精神上受到打击，害怕得说不出话，从而变成了一个哑巴。

腊宏被韩冲的雷管炸死后，村民们觉得哑巴反正也说不出话，就自行决定对腊宏被炸死这件事不作声张，不报警，直接单方面与哑巴私了。

答：如果没有有监护资格的人，则民政部门为监护人，被监护人住所地的村民委员会或者居民委员会也可以担任。

《民法典》的相关规定：

第十七条　十八周岁以上的自然人为成年人。不满十八周岁的自然人为未成年人。

---

〔1〕参见"'货拉拉事件'最新进展：司机涉嫌过失致人死亡罪被批捕"，载 https://www.pkulaw.com/news/9b209b45a8185624bdfb.html.

第二十一条　不能辨认自己行为的成年人为无民事行为能力人，由其法定代理人代理实施民事法律行为。

八周岁以上的未成年人不能辨认自己行为的，适用前款规定。

第二十二条　不能完全辨认自己行为的成年人为限制民事行为能力人，实施民事法律行为由其法定代理人代理或者经其法定代理人同意、追认；但是，可以独立实施纯获利益的民事法律行为或者与其智力、精神健康状况相适应的民事法律行为。

第二十三条　无民事行为能力人、限制民事行为能力人的监护人是其法定代理人。

第二十八条　无民事行为能力或者限制民事行为能力的成年人，由下列有监护能力的人按顺序担任监护人：

（一）配偶；

（二）父母、子女；

（三）其他近亲属；

（四）其他愿意担任监护人的个人或者组织，但是须经被监护人住所地的居民委员会、村民委员会或者民政部门同意。

第三十二条　没有依法具有监护资格的人的，监护人由民政部门担任，也可以由具备履行监护职责条件的被监护人住所地的居民委员会、村民委员会担任。

本案中，红霞并非精神病人，她虽然不能说话，但却可以通过手写来表达，事实上，红霞不能被认定为无民事行为能力或者限制民事行为能力人。

问题三：腊宏从人贩子手上收买红霞，构成了什么罪？

◇ 场景片段重现

红霞小时候在一次出游时和奶奶走散了，被人贩子拐卖到腊宏家。腊宏因为打死了自己的老婆，于是从人贩子那将红霞买了过来，养在家里，经常对她实施不人道的行为，比如在刚开始将红霞收买到家时，他还拔掉了红霞的两颗牙齿来胁迫红霞乖乖听话，间接导致红霞精神和心理受损引发失语症，变成了一个哑巴。腊宏不仅总是打红霞还经常强暴红霞，甚至让红霞给他生了一个孩子，还总在村民面前污蔑红霞患有疯病。

答：腊宏构成收买被拐卖的妇女、儿童罪、强奸罪和非法拘禁罪、故意伤害罪，应当数罪并罚。

拐卖妇女、儿童是指以出卖为目的，有拐骗、绑架、收买、贩卖、接送、中转妇女、儿童的行为之一的。

《刑法》的相关规定：

第二百四十一条 【收买被拐卖的妇女、儿童罪】收买被拐卖的妇女、儿童的，处三年以下有期徒刑、拘役或者管制。

【强奸罪】收买被拐卖的妇女，强行与其发生性关系的，依照本法第二百三十六条的规定定罪处罚。

【非法拘禁罪】【故意伤害罪】【侮辱罪】收买被拐卖的妇女、儿童，非法剥夺、限制其人身自由或者有伤害、侮辱等犯罪行为的，依照本法的有关规定定罪处罚。

收买被拐卖的妇女、儿童，并有第二款、第三款规定的犯罪行为的，依照数罪并罚的规定处罚。

…………

第二百四十条 【拐卖妇女、儿童罪】拐卖妇女、儿童的，处五年以上十年以下有期徒刑，并处罚金；有下列情形之一的，处十年以上有期徒刑或者无期徒刑，并处罚金或者没收财产；情节特别严重的，处死刑，并处没收财产：

（一）拐卖妇女、儿童集团的首要分子；

（二）拐卖妇女、儿童三人以上的；

（三）奸淫被拐卖的妇女的；

（四）诱骗、强迫被拐卖的妇女卖淫或者将被拐卖的妇女卖给他人迫使其卖淫的；

（五）以出卖为目的，使用暴力、胁迫或者麻醉方法绑架妇女、儿童的；

（六）以出卖为目的，偷盗婴幼儿的；

（七）造成被拐卖的妇女、儿童或者其亲属重伤、死亡或者其他严重后果的；

（八）将妇女、儿童卖往境外的。

…………

（注意：收买被拐卖的妇女、儿童，对被买儿童没有虐待行为，不阻碍对其进行解救的，可以从轻处罚；按照被买妇女的意愿，不阻碍其返回原居住地的，可以从轻或者减轻处罚。）

本案中，腊宏先是收买了被拐卖的红霞，继而将其长期非法拘禁并殴打，致使红霞丧失了口语表达能力，构成收买被拐卖的妇女、儿童罪，强奸罪和非法拘禁罪，故意伤害罪，但不构成拐卖妇女、儿童罪，因为他主观上没有拐卖的意图，客观上也没有拐卖的行为，没有将红霞再次出卖。

相关案例一：贾某某拐卖妇女案。1997年7月，被告人贾某某伙同杨某某（2003年因本案涉及另案拐卖妇女犯罪被判处无期徒刑）以"招工"为名将被害人张某（女，时年25周岁）拐骗至湖北省某市偏远山区，以人民币5500元价格卖给村民李某某为妻。2003年1月，杨某某因另案被抓获归案，交代前述犯罪事实并供出同伙贾某某。同年1月17日，公安机关将贾某某列为网上追逃犯。2019年11月14日，贾某某被抓获归案。贾某某应负何刑事责任？

解析：根据《刑法》第240条的规定，贾某某的行为已经构成拐卖妇女罪。

裁判结果：2020年8月24日，一审法院经审理作出判决，以拐卖妇女罪判处被告人贾某某有期徒刑5年6个月，并处罚金人民币1万元。[1]

相关案例二：张三与妻子育有三子，均已成年，想再生一个闺女。但张三妻子生下的是一男婴，夫妻并不需要这个男婴，二人商议后以3万元的价格抱给李四抚养。后来案发。张三和李四犯了什么罪？

解析：根据最高人民法院、最高人民检察院、公安部、司法部《关于依法惩治拐卖妇女儿童犯罪的意见》的有关规定，如果父母把自己的孩子明码标价卖给他人以获利，具有非法获利的目的，就应该以拐卖儿童罪论处。张三出卖自己的亲生儿子就是以非法获利为目的，因此构成拐卖儿童罪。而李四明知

---

[1] 参见湖北省高级人民法院发布妇女儿童权益司法保护十大典型案例之九：贾某某拐卖妇女案。

他人是以出卖亲生子女为目的，依然进行收买，其行为构成收买被拐卖的儿童罪。

问题四：韩冲父亲长期打骂妻子和儿子，构成什么罪？

◇ 场景片段重现

韩父在韩冲小时候坐过牢，后面出来后一直和韩冲难以亲近起来。韩父有个坏习惯，爱喝酒，喝醉了喜欢打韩冲。他知道这样不对，但他改不掉。而身为父亲，他对韩冲很严格，韩冲做错了什么事，他首先是想将韩冲打一顿教育他，而不是与韩冲好好商量来解决问题。

答：韩冲父亲涉嫌构成虐待罪。

《刑法》第260条规定："虐待家庭成员，情节恶劣的，处二年以下有期徒刑、拘役或者管制。犯前款罪，致使被害人重伤、死亡的，处二年以上七年以下有期徒刑。第一款罪，告诉的才处理，但被害人没有能力告诉，或者因受到强制、威吓无法告诉的除外。"

本案中，韩冲父亲长期虐待韩冲及其母亲，造成其母亲死亡，构成虐待罪。

拓展：我国与家暴罪相关的法律法规

《宪法》第四十九条 婚姻、家庭、母亲和儿童受国家的保护。

夫妻双方有实行计划生育的义务。

父母有抚养教育未成年子女的义务，成年子女有赡养扶助父母的义务。

禁止破坏婚姻自由，禁止虐待老人、妇女和儿童。

《刑法》第二百三十四条　【故意伤害罪】故意伤害他人身体的，处三年以下有期徒刑、拘役或者管制。

犯前款罪，致人重伤的，处三年以上十年以下有期徒刑；致人死亡或者以特别残忍手段致人重伤造成严重残疾的，处十年以上有期徒刑、无期徒刑或者死刑。本法另有规定的，依照规定。

第二百四十六条　【侮辱罪】【诽谤罪】以暴力或者其他方法公然侮辱他人或者捏造事实诽谤他人，情节严重的，处三年以下有期徒刑、拘役、管制或者剥夺政治权利。

前款罪，告诉的才处理，但是严重危害社会秩序和国家利益的除外。

通过信息网络实施第一款规定的行为，被害人向人民法院告诉，但提供证据确有困难的，人民法院可以要求公安机关提供协助。

第二百六十条　【虐待罪】虐待家庭成员，情节恶劣的，处二年以下有期徒刑、拘役或者管制。

犯前款罪，致使被害人重伤、死亡的，处二年以上七年以下有期徒刑。

第一款罪，告诉的才处理，但被害人没有能力告诉，或者因受到强制、威吓无法告诉的除外。

《民法典》第三十六条　监护人有下列情形之一的，人民法院根据有关个人或者组织的申请，撤销其监护人资格，安排必要的临时监护措施，并按照最有利于被监护人的原则依法指定监护人：

（一）实施严重损害被监护人身心健康的行为；

（二）怠于履行监护职责，或者无法履行监护职责且拒绝将

监护职责部分或者全部委托给他人,导致被监护人处于危困状态;

(三) 实施严重侵害被监护人合法权益的其他行为。

本条规定的有关个人、组织包括:其他依法具有监护资格的人,居民委员会、村民委员会、学校、医疗机构、妇女联合会、残疾人联合会、未成年人保护组织、依法设立的老年人组织、民政部门等。

……

《未成年人保护法》第十七条　未成年人的父母或者其他监护人不得实施下列行为:

(一) 虐待、遗弃、非法送养未成年人或者对未成年人实施家庭暴力;

……

(四) 放任、唆使未成年人吸烟(含电子烟,下同)、饮酒、赌博、流浪乞讨或者欺凌他人;

……

(九) 允许、迫使未成年人结婚或者为未成年人订立婚约;

……

(还有其他相关法规与家暴罪有关,这里不做一一列举。)

问题五:韩冲正准备去自首,警车来了,他还是否构成自首?

◇ 场景片段重现

韩冲用雷管炸死了腊宏,这件事突然被传播开来,而村里

―――― 第六章 《喊山》 ――――

传谣说腊宏不是死于意外，而是韩冲和红霞为了勾搭在一起，合谋害死了腊宏。村子的人为了村子的名声，决议赶哑巴出去，韩冲不想连累哑巴红霞，于是决定去自首，第二天韩父去公安局叫警察来村子，带走了韩冲。

答：根据剧情尚无法判断。

《刑法》第67条第1款规定，犯罪以后自动投案，如实供述自己的罪行的，是自首。对于自首的犯罪分子，可以从轻或者减轻处罚。其中，犯罪较轻的，可以免除处罚。

构成自首的两个必要条件：一是自动投案；二是如实供述。如果只满足了其中一个，自首便不成立。

自首的认定：自动投案和如实供述，两者均满足方能构成自首。如实供述有较为客观的评判标准，因此在司法实践中争议不大。而自动投案的情况则较为复杂，其关键在于犯罪嫌疑人是否具有自动投案的意愿。

本案中，韩冲能够主动投案，当然，前提是韩冲需要提供充分的证据证明其确实是在前去投案自首的路上，如果还能够到案后如实供述，就可以认定为成立自首。遗憾的是，剧中虽然交代了其在路上被警察抓走，并未透露其是否存在如实供述。因而，其是否构成自首，还需要影片提供其他信息。目前，尚不能判断韩冲是否构成自首。

拓展：最高人民法院《关于处理自首和立功具体应用法律若干问题的解释》

第一条 根据刑法第六十七条第一款的规定，犯罪以后自动投案，如实供述自己的罪行的，是自首。

（一）自动投案，是指犯罪事实或者犯罪嫌疑人未被司法机关发觉，或者虽被发觉，但犯罪嫌疑人尚未受到讯问、未被采取强制措施时，主动、直接向公安机关、人民检察院或者人民法院投案。

犯罪嫌疑人向其所在单位、城乡基层组织或者其他有关负责人员投案的；犯罪嫌疑人因病、伤或者为了减轻犯罪后果，委托他人先代为投案，或者先以信电投案的；罪行未被司法机关发觉，仅因形迹可疑被有关组织或者司法机关盘问、教育后，主动交代自己的罪行的；犯罪后逃跑，在被通缉、追捕过程中，主动投案的，经查实确已准备去投案，或者正在投案途中，被公安机关捕获的，应当视为自动投案。

并非出于犯罪嫌疑人主动，而是经亲友规劝、陪同投案的；公安机关通知犯罪嫌疑人的亲友，或者亲友主动报案后，将犯罪嫌疑人送去投案的，也应当视为自动投案。

犯罪嫌疑人自动投案后又逃跑的，不能认定为自首。

……

相关案例：张三的"自首"。张三在马路上捅了李四一刀，还抢走了李四身上的珠宝，在逃被通缉。但张三其实是个惯犯，此前张三还盗窃过其他钱财贵重物品等，不过司法机关尚未掌握他之前盗窃的罪行，只掌握了他后面这个案子中故意伤害罪和盗窃罪的罪行。

具体情况如下：

（1）某天，张三被群众发现，团团围住，只能当场投案，事后如实供述了自己罪行。

（2）某天，张三去派出所自首，但他隐瞒了以前的盗窃罪，只交代了最后一次的盗窃罪行，或者掩饰了自己故意伤人的罪行。

（3）某天，张三良心发现，把盗窃和抢劫的财物偷偷放回原处，但并没有去主动投案，之后张三被警方抓获，张三认为自己自首了。

（4）某天，张三主动投案，交代了自己的故意伤人罪行，但没有交代盗窃罪行。

（5）某天，张三走在路上，因为形迹略显可疑，被警方盘问，虽然警方并不知道张三是犯罪嫌疑人，但张三还是主动向警方如实说出了自己的罪行，之后的供述一应真实。

问题六：张三是否构成自首？

解析：

（1）这不构成自首，因为张三并不具备自动投案的意愿，是走投无路才如此。

（2）这种情况仅对最后一次的盗窃罪行成立自首。

（3）不构成自首，意味着张三应该愿意接受国家的审查和追诉，仅仅归还财物，却没有主动投案，即使再加上如实供述罪行，也顶多算悔罪，因为张三的行为明显表现出的是逃避法律制裁。

（4）自首情节仅限于故意伤害一项。

（5）满足了自动投案和如实供述两个条件，构成自首。[1]

---

[1] 参见 https://baijiahao.Baidu.com/s?id=1706719260987602001&wfr=spider&for=pc.

> 问题七：红霞是哑巴，没有任何错（交代故意杀害腊宏之前），却被几乎所有人围攻，这些人的做法是否存在违法行为，而他们为什么要这么做？

◇ 场景片段重现

韩冲用雷管炸死了腊宏，这件事突然被传播开来，村子里的人不想闹大，除了他们与韩冲关系也不错外，更不想让村子背上一个出了杀人犯的头衔，还有一个更大的原因是大家怕自己没有告发韩冲杀人的事情，会因此犯了包庇罪。所以，尽管韩冲和哑巴红霞是真心相爱，韩冲也表明愿意对哑巴负责一辈子，但村子的人为了村子的名声，依然要赶哑巴出去，而拉住韩冲不让他自首。

答：原因如下：

（1）由于村民们不懂得罪责自负原则的规定，所以他们才会认为，自己没有及时告发韩冲是杀人犯这件事，犯了包庇罪，因此他们非常害怕受到牵连，所以才想着赶走哑巴一家；并且他们还错误地认为因为哑巴红霞的丈夫是杀人犯，所以红霞本人也应该是同罪并罚的，这显然也是一种错误的认知。其实，村民们并没有告发的义务，所以不存在包庇罪的罪名；而哑巴红霞也并没有犯罪，只是腊宏杀人了，不存在同罪的罪名。

（2）这也是由于村民的自私自利。哑巴红霞在电影中属于一个完全的受害者，但即使这样，她都依然被村民们排挤。这也可以间接看出人性之恶，当人们的利益受到侵害时，他们自私自利的本性会让他们急得跳脚，他们会因此而做出很多不合理的事，因此，他们身上那些原本善良友好等美好品质，在这一刻却突然消失不见，突然对一个弱者恶语相向。

同时，村民们的行为构成侮辱罪。《刑法》第246条规定："以暴力或者其他方法公然侮辱他人或者捏造事实诽谤他人，情节严重的，处三年以下有期徒刑、拘役、管制或者剥夺政治权利。前款罪，告诉的才处理，但是严重危害社会秩序和国家利益的除外。通过信息网络实施第一款规定的行为，被害人向人民法院告诉，但提供证据确有困难的，人民法院可以要求公安机关提供协助。"所以，从这个角度看，村民们的行为可能构成侮辱罪。

拓展：罪责自负原则

（1）定义：谁犯了罪，就应当由谁承担刑事责任；刑罚只及于犯罪者本人，而不能连累无辜。

（2）基本要求：犯罪的主体只能是实施了犯罪行为的人，对于没有实施犯罪行为的人不能对其定罪；刑罚的对象只能是犯罪者本人，对于仅与犯罪者有亲属、朋友、邻里等关系而没有参与犯罪的人，不能追究其刑事责任。

③法律依据：《刑法》

第二条　中华人民共和国刑法的任务，是用刑罚同一切犯罪行为作斗争，以保卫国家安全，保卫人民民主专政的政权和社会主义制度，保护国有财产和劳动群众集体所有的财产，保护公民私人所有的财产，保护公民的人身权利、民主权利和其他权利，维护社会秩序、经济秩序，保障社会主义建设事业的顺利进行。

第三条　法律明文规定为犯罪行为的，依照法律定罪处刑；法律没有明文规定为犯罪行为的，不得定罪处刑。[1]

---

〔1〕参见"罪责自负原则"，载百度百科 https://baike.so.com/doc/28265752-29680627.html。

拓展与思考

失踪七年的女孩[1]

七年前,16岁的小云因赌气出去打工,这一走就是七年,再次回到家乡,她已经是一个两岁孩子的妈妈。原来,七年前16岁的小云与贵州男子小林子相识后离家去打工,之后又被拐卖至贵州的小乡村。小林子以5000元的价格将年仅16岁的小云卖给50多岁的葛某某当媳妇。在这七年间,由于地势偏远,四周环山,小云逃跑总是失败,只能跟着葛某某度日,并为他生下2岁的儿子。七年后的某一天,有村里人同情小云,也认为小云生了孩子应该不会逃跑,就借了手机让她给家人报平安,小云趁机联系家人求救,警方及时出动终于将小云救了出来。而被救的小云今年23岁了,历经百般苦难后,她终于回到了家乡,但她已经不是当初那个花季少女了。

◇ 思考题

一、为什么葛某某没有被判刑?
二、小云有没有抚养孩子的义务?
三、村支书和村里人都知道小云是买来的,但一开始都没有帮助小云逃离,这种行为是否构成包庇罪?

---

[1] 参见《今日说法》2013年1月23日——"失踪七年的女孩"。

第七章
《可可西里》

导　　演：陆川
编　　剧：陆川
出品时间：2004 年 10 月 1 日
出品公司：华谊兄弟传媒股份有限公司
语　　言：汉语普通话、藏语
获　　奖：第 41 届金马奖最佳影片、最佳摄影奖、最佳男主角奖、最佳导演奖及最佳原创剧本

第 17 届东京国际电影节评委会大奖

第 25 届金鸡电影节最佳故事片奖、香港电影节最佳亚洲电影奖

第 11 届华表奖优秀故事片奖及优秀导演奖

主演介绍：

多布杰（饰演日泰）：1953 年 5 月 1 日出生于西藏自治区山南市错那县卡达乡，中国影视男演员，毕业于上海戏剧学院表演系，西藏话剧团演员，国家一级演员，享受政府特殊津贴专家。

张磊（饰演尕玉）：1981 年 10 月 7 日出生于黑龙江省牡丹江市，中国男歌手、演员。

奇道（饰演刘栋）：原名亓亮，1975 年 1 月 26 日出生于安徽省阜阳市，中国男演员，毕业于中央戏剧学院表演系。

导 读

  电影《可可西里》是根据可可西里巡山队真实故事改编的。影片以记者尕玉的视角来叙述，讲述日泰所带领的巡山队为了保护藏羚羊而追击盗猎分子，展现了他们用生命与信仰维护这片神圣的土地的坚决意志和大公无私的精神。

  电影是以一堆盗猎者对藏羚羊枪杀的画面作为开头，盗猎者毫不犹豫地割下藏羚羊的毛皮，与此呼应的是日泰队长的藏羚羊守护队队员强巴被其抓绑，最终被杀害，画面让人触目惊心。这件事情引起了海内外的关注，来自北京的秘密警察尕玉用记者身份做掩护，来到传闻中神奇的可可西里。

  尕玉一到可可西里，便直接上门找日泰，表示想要采访他。日泰让手下将他安置好，在去房间的路上，尕玉看到了一地的藏羚羊毛皮，并认识了日泰的女儿——央金。镜头一转，便到了晚饭时间，相谈之下，日泰发现尕玉的父亲是藏族人。可枪声打破了美丽的可可西里的平静。当晚巡山队长日泰带领巡山队连夜紧急出发，誓要抓到盗猎者，尕玉也跟着去了。

  他们熟练的来到一条道路旁，进行设卡搜索，很快就发现一辆盗猎藏羚羊的人的车。在搜查之下，发现果真是盗猎者，但是在尕玉问日泰如何处置之时，日泰却无奈说："只能放了呗！这路上帮盗猎者运送藏羚羊绒的人太多了，我们只能没收，没权力抓人。"

  第二天，他们来到不冻泉保护站，见到驻扎在这里的阿旺，并带去了这个月的伙食。日泰告诉阿旺，强巴走了，要他自己当心。帐篷内是沉重的氛围，帐篷外，队员们围在一起唱歌跳舞，好不欢快！但快乐的时光总是短暂的，很快他们告别了阿旺。

  第三天，他们来到卓乃湖，看到一地的藏羚羊尸体，被鸟类蚕食，血肉模糊，白骨琳琳，统计之下，竟有四百多只。他们看到湖中有人，便要求其上岸，询问盗猎者的下落，可是他们却没有说出有用信息。日泰等人将藏羚羊的尸骨放在一起，火化埋葬。成堆的白骨冒出浓浓的黑烟。日泰等人再次启程，发现了原来那群帮盗猎者运输藏羚羊绒的人。日泰等人乘胜追击，抓到了那群运送者。在西藏高原的寒冷天气，他们为抓捕不法分子，毫不犹豫光腿渡过河溪。在抓捕的不法分子中，有一位年轻小伙子被抢打在了大腿的动脉处。他年仅二十岁，却成为了盗猎者的一分子，令人惋惜！很快，日泰对他们进行拷问。马占林等人狡猾多端，不说枪手是谁，最终日泰还是找到了据点，挖出了一地的皮子。五百多张毛皮，还大多为母羊，严重地损害了生物多样性，对藏羚羊的繁衍造成不可磨灭的伤害。根据经验，日泰他们来到一条河边，车子陷入泥潭，他们齐心协力一起把车子拖拉上岸，展现其团结一致的一面。

  傍晚时分，车子继续行驶在荒漠中，他们在一处平地进行休息整顿。在这里，他们思乡之情达到顶峰，歌声话语间都是思念之情。天一亮，却发现马占林及其几个儿子跑了，日泰等人只好再追上去。其中达瓦得病，需要很多钱，这时日泰发现钱也不够用，挪动了县里的钱，并让他们卖皮子换钱，日泰去追盗猎的人。最后，日泰等人因为粮食短缺问题只好放走了马占林一行人，让他们自行走出这片荒漠。

  面临越来越恶劣的生存环境——车辆抛锚、汽油耗尽、食品短缺、大雪封山、队员牺牲，日泰等人并没有放弃，仍然追击盗猎分子。终于，尕玉和日泰队长追上了凶残的盗猎者。可他们败给了盗猎者，面对盗猎头目的收买，日泰队长宁死不从，最终倒在了盗猎分子的枪下，尕玉死里逃生，带回了日泰队长已经冰冷的遗体。

一年后，中国政府在可可西里设立国家自然保护区并成立森林公安机关，原志愿巡山队就此解散，可可西里的藏羚羊逐渐回升至三万只。影片最后，是一张巡山队的老照片，故事就此落幕。

本章核心问题

问题一：猎捕藏羚羊，构成何种犯罪？

◇ 场景片段重现

（电影的开端是巡山队的队员被捕猎者劫持的场景，一群群藏羚羊相继被击倒，捕猎者毫不留情地剥离藏羚羊的皮肉。）

捕猎者：你是日泰的人？

被劫持者：是的。

捕猎者：放了。

（紧接着枪声响起，一抹鲜红的血溅射在捕猎者脸上。）

答：构成危害珍贵、濒危野生动物罪以及非法猎捕、收购、运输、出售陆生野生动物罪。

影片中的这个画面既讽刺捕猎者又引人深思。在我国，藏羚羊是国家重点保护动物。在影片中，可可西里还未成立保护区，巡山队竭尽全力保护野生动物并筹备成立可可西里保护区。尽管在当时保护区还没有成立，但是危害国家重点保护动物，非法进行捕猎、收购、出售、运输等行为也触犯了法律，是严重的违法行为。

我国《刑法》第341条规定："非法猎捕、杀害国家重点保护的珍贵、濒危野生动物的，或者非法收购、运输、出售国家重点保护的珍贵、濒危野生动物及其制品的，处五年以下有期徒刑或者拘役，并处罚金；情节严重的，处五年以上十年以下有期徒刑，并处罚金；情节特别严重的，处十年以上有期徒刑，并处罚金或者没收财产。违反狩猎法规，在禁猎区、禁猎期或者使用禁用的工具、方法进行狩猎，破坏野生动物资源，情节严重的，处三年以下有期徒刑、拘役、管制或者罚金。违反野生动物保护管理法规，以食用为目的非法猎捕、收购、运输、出售第一款规定以外的在野外环境自然生长繁殖的陆生野生动物，情节严重的，依照前款的规定处罚。"

珍贵、濒危野生动物是指包括列入《国家重点保护野生动物名录》的国家一、二级保护野生动物、列入《濒危野生动植物种国际贸易公约》附录一、附录二的野生动物以及驯养繁殖的上述物种。[1]

所以，在影片中捕猎者的行为触犯了法律，构成危害珍贵、濒危野生动物罪以及非法猎捕、收购、运输、出售陆生野生动物罪。

---

〔1〕 参见https://baike.so.com/doc/7528117-7802210.html.

问题二：日泰等人为了解决工作经费问题而贩卖了一些藏羚羊羊皮，是否构成犯罪？如果日泰等人贩卖了一些藏羚羊羊皮构成犯罪，那么，他们构成何种犯罪？

◇ 场景片段重现

（作为志愿巡山队，队员们不能享受正式的国家工作人员的待遇，财政也无法为巡山队提供充分的执法设备和必要的衣食。物资大部分都要靠队员们自己筹措。他们已经将时间和精力全部奉献给了可可西里的藏羚羊保护事业，刘栋送回病友后附带的一项任务就是购买物资。临行前，队员们拿出了身上所有的钱，但还是不够，刘栋问日泰怎么办，日泰说："卖皮子。"大家都沉默了。卖皮子，就是将缴获来的一部分藏羚羊皮悄悄卖给非法收购者。刘栋虽然很不情愿，但最终还是这样做了。在追击逃走的捕猎者途中，巡山队员达瓦发病了，是肺水肿，经过紧急抢救后，需要继续治疗。）

巡山队员1（刘栋）：我们需要更多的钱带达瓦去看病。

日泰：拿钱。

（巡山队员2掏出了一沓小票，递给刘栋。）

刘栋：不够。

日泰：还有吗？

巡山队员2：这是县里的。

日泰：给他。

（巡山队员2又掏出了一沓小票，递给刘栋，刘栋数了数钱。）

刘栋：还是不够。

日泰：卖皮子。

尕玉：队里的经费是不是特别紧张？

日泰：都是我们自己解决。

尕玉：那你们怎么处理收缴获来的皮子？

日泰：大部分上缴。

尕玉：你们会不会也卖一部分皮子来解决经费问题？可是卖皮子，是违法的。

日泰：我卖过皮子但是我没办法。

答：日泰等人若是贩卖了藏羚羊羊皮则构成犯罪，违反了非法猎捕、收购、运输、出售陆生野生动物罪。

在电影中，日泰等人为了解决工作经费问题而贩卖了一些藏羚羊羊皮。虽然日泰等人一心保护藏羚羊，在西藏的环境中很艰难，需要资金流转，但贩卖行为也仍然触犯了法律。日泰的行为已然构成了非法猎捕、收购、运输、出售陆生野生动物罪。

我国《刑法》第341条第1款规定："非法猎捕、杀害国家重点保护的珍贵、濒危野生动物的，或者非法收购、运输、出售国家重点保护的珍贵、濒危野生动物及其制品的，处五年以下有期徒刑或者拘役，并处罚金；情节严重的，处五年以上十年以下有期徒刑，并处罚金；情节特别严重的，处十年以上有期徒刑，并处罚金或者没收财产。"

但由于日泰的初心是保护藏羚羊，卖羊皮是为了继续保护野生动物，动机是良好的，所以，在法律上可以不追究其法律责任。

问题三：如果马占林没有从可可西里走出去，那么，日泰是否构成犯罪？

◇ 场景片段重现

（在面对粮食仅能支撑一两天的情况下日泰决定放走马占林。）

日泰：把手铐打开。（拍马占林肩膀）马占林每次我抓你都是罚款，这次不罚了，让你走。

马占林：那你真给我放走啊？

日泰：嗯，我放你走。

马占林：我走不出去，我老了。

日泰：我现在正儿八经没粮食给你们吃，油也不多了。我还要抓你们老板，我管不了你们了。

马占林：我走不出去。

日泰：马占林，你走得出去的。到昆仑山口就一百多公里，能走出去的。确实走不出去就是你的命。保重，一路平安。

答：若马占林等人没有从可可西里走出去，日泰则构成不作为犯罪。

雷磊在《贫瘠上的正义——对影片〈可可西里〉法治困境的反思》中提道：按照放纵犯罪便同样是犯罪的简单逻辑，作为执法者的巡山队员无疑也是在"犯罪"；如果说犯罪嫌疑人逃走是他们无意的失职，那么放走犯罪嫌疑人就是他们有意的"渎职"。可日泰偏偏做出了这样的选择。在他内心天人交战的时候，正义也遭遇了困境。

在文章中，作者雷磊还引用了博登海默的话对此进行讨论："正义有着一张普洛透斯似的脸。"在古希腊神话里，普洛透斯是一个多面的怪兽,不同的时候显示不同的面目。正义亦是如此。正义在不同的情况下也会有不同,它在一方面可能是正义的,在另一方面却也可能是非正义的,两种正义的事物也有可能在同一场合中发生冲突。在本片中即是如此:一方面,是惩罚盗猎者,维护社会秩序的正义。从法律角度看,我国《刑法》明文规定了对非法猎捕、杀害国家重点保护的珍贵、濒危野生动物的犯罪的处罚。的确,剥去藏羚羊羊皮的人从犯罪作用上看只是从犯,与作为主犯盗猎者有着不同。从程序的角度看,他们未经审判,仅是"犯罪嫌疑人",而不是严格意义上的"罪犯",甚至他们中的某些人可能会因为犯罪情节轻微、危害性较小而免于起诉或免除刑罚。但从事实本质的程度上说,他们同样侵害了珍稀自然资源和社会管理秩序,同样具有社会危害性,将他们抓捕归案进行刑事处罚是实现正义的要求。从成本的角度看,巡山队员历经艰难,挨饿受冻,直至生病倒下,且花费了不少食物在犯罪嫌疑人身上,就是为了将他们绳之以法,到头来却放了他们,从感情上讲是多少有些不能接受的。但另一方面,这么做却是人性的正义。生命永远是最可贵的,保障生命是最高正义的要求,生存权是人权最基本的层次,其他一切在它面前都是次要的,不仅是犯罪嫌疑人,而且包括已判刑的罪犯(无论是否被判处死刑),只要未经正当程序,其都有权保持自己的生命。同时,生命是神圣的,不能通过抽象的"社会"和"个人"的概念判断,粗暴地加以剥夺。不能说因为犯罪是对社会的侵犯,而生命权仅仅是犯罪嫌疑人个人的利益,就使后者绝对无条件地屈从于前者。本片中,不放犯罪嫌疑人走必然是大家一起饿死;放他们走(日泰还给他们发了少量食物),

第七章 《可可西里》

则至少他们有机会回到县里得以活命。[1]

影片中，日泰把马占林等人逮捕起来，在面临没有粮食的情况下，日泰把他们放走并置之不理，而此时的日泰有义务照顾好马占林一行人。所以，如果马占林最终没有走出可可西里，日泰则构成不作为犯罪。

不作为，是指刑法要求行为人必须履行实施某种特定积极行为的义务，行为人能够履行而没有履行该义务的行为。下面从特征、成立条件、种类对"不作为"进行深入解读。[2]

不作为的特征从三方面看，分别是主体、行为状态以及性质。从主体看，行为人负有实施某种特定积极行为的法律义务；从行为状态上看，不作为是一种消极的身体活动；从性质上看，不作为是刑法意义上的不作为。

不作为的成立条件从行为人的三方面进行分析，一是行为人应当履行特定义务即作为义务来源，包括来源于法律上的明确规定的义务、职务上、业务上所要求的义务、法律行为引起的义务、先行行为引起的义务（先行行为范围）、公共秩序和社会公德要求承担的义务；二是行为人有能力履行该特定义务；三是行为人不履行该特定义务，造成或者可能造成危害结果。

不作为的种类分为两种，分别是纯正的不作为以及不纯正的不作为。①纯正的不作为犯是指依《刑法》规定只能由不作为构成的犯罪，如遗弃罪等，这些犯罪不可能以作为的方式实施。②不纯正的不作为犯是指以不作为方式实施通常由作为方式实施的犯罪。该种犯罪既违反《刑法》的禁止性规定，也可

---

[1] 参见雷磊："贫瘠上的正义——对影片《可可西里》法治困境的反思"，载《民主与科学》2006年第1期。

[2] 参见徐光华编著：《刑法专题讲座精讲卷》，中国石化出版社2020年版。

能违反义务性规定。主观上既有故意又有过失。如母亲不给婴儿喂奶导致其死亡，医生不救助病人致使病人死亡等。签订阴阳合同属于过失的不作为犯罪，但却可以用积极的形式来完成。

例如，甲因家中停电而点燃蜡烛，意识到蜡烛倾倒可能引发火灾，但想到可能因火灾而获得高额赔偿，于是，置之不理，外出吃饭，结果将家中和邻居家中物品烧毁，甲就触犯了不作为犯罪。

在理解不作为时，我们还应该注意以下几个问题：一是不能把客观行为方面的作为、不作为的分类和主观罪过方面的故意、过失的分类混淆；二是不作为方式实施的犯罪的社会危害性未必就小于以作为方式实施的犯罪；三是不能认为只有在发生了物质性危害结果的情况下，不作为行为才构成犯罪；四是身体的积极与作为并不是不作为犯的判断标准。

例如，医生看到病人已经无可救药，为帮助病人节省医药费而拔掉呼吸机，医生是构成不作为犯罪的。不管是出于义务层面，医生要对病人负责，有义务医治，而非为帮助病人节省医药费而拔掉呼吸机，还是在道德层面，医生无权决定病人生死，所以，在这里医生是构成不作为犯罪的。又如，甲男回家路上发现一美女丁和一丑女戊晕倒在道路中间，本无意救援，但想到自己年过五旬而无妻，英雄救美也许可以成就一段姻缘，便将丁搬到自己家中，后发现该美女属于痴呆症患者，于是不再救助，丁死亡；念及"救人一命胜造七级浮屠"，甲将丑女戊搬到路边，丑女戊因未得到进一步救助而死亡。在这起案件中，甲把丁带回自己家中，先前对其进行救治，后发现其是痴呆症患者就不救治，属于不作为的犯罪。在这里，甲把丁带回家中是属于带到一个相对密闭的空间，此时，甲对丁有救治义务，但没有救治，故属于不作为的犯罪。相反，在甲与戊中，甲把她带到马路旁，加大了其受救助的可能性，所以并不构成不作为犯罪。

总的来说，这种根据来源需要结合生活常识判断。仅仅"遇见危险"不成立义务；处于发现者监控区域成立义务；创造风险原则上成立义务。降低风险不成立义务，但耽误了救助机会则成立义务；升高风险成立义务；特定职务、业务要求、合同成立义务，如保姆对小孩、司机对乘客；邻里之间、登山队员之间原则上成立义务，但恋爱、旅游、爬山、喝酒原则上不成立义务；认识错误不成立犯罪，如甲因误以为落水儿童不是自己的小孩而不救助导致儿童死亡的情形；先前行为引发义务，但正当防卫造成的除外，《刑法》已经将这种情形规定为加重犯的，适用特别条款。

问题四：如果日泰接受房产、汽车等贿赂，那么，他构成何种犯罪？

◇ 场景片段重现

（日泰经历千难万险后，终于碰见了贩卖藏羚羊羊皮的老板，也就是马占林的老板。）

马占林：这是我们老板，这是日泰队长。

老板：队长抽支烟吧。

日泰：我抓了你好几年。

老板：我做了啥了你把我抓着。

日泰：你打了我的羊子。

老板：青海打羊子的老多了。

日泰：我不管。

老板：那你看该怎么办？

日泰：你跟我走。

老板：队长，你把我们放掉，我去给你买两辆汽车。要不然再给你盖一所房子。

答：倘若日泰接受了贿赂，那么，他就构成了非国家工作人员受贿罪。

在影片中，日泰面对老板的诱惑丝毫不动摇，哪怕最后牺牲。倘若日泰接受了贿赂，那么，他就构成了非国家工作人员受贿罪。我国《刑法》第163条规定："公司、企业或者其他单位的工作人员，利用职务上的便利，索取他人财物或者非法收受他人财物，为他人谋取利益，数额较大的，处三年以下有期徒刑或者拘役，并处罚金；数额巨大或者有其他严重情节的，处三年以上十年以下有期徒刑，并处罚金；数额特别巨大或者有其他特别严重情节的，处十年以上有期徒刑或者无期徒刑，并处罚金。公司、企业或者其他单位的工作人员在经济往来中，利用职务上的便利，违反国家规定，收受各种名义的回扣、手续费，归个人所有的，依照前款的规定处罚。国有公司、企业或者其他国有单位中从事公务的人员和国有公司、企业或者其他国有单位委派到非国有公司、企业以及其他单位从事公务的人员有前两款行为的，依照本法第三百八十五条、第三百八十六条的规定定罪处罚。"

我国《刑法》第164条规定："为谋取不正当利益，给予公司、企业或者其他单位的工作人员以财物，数额较大的，处三年以下有期徒刑或者拘役，并处罚金；数额巨大的，处三年以上十年以下有期徒刑，并处罚金。为谋取不正当商业利益，给予外国公职人员或者国际公共组织官员以财物的，依照前款的规定处罚。单位犯前两款罪的，对单位判处罚金，并对其直接负责的主管人员和其他直接责任人员，依照第一款的规定处罚。行贿人在被追诉前主动交代行贿行为的，可以减轻处罚或者免除处罚。"

非国家工作人员受贿罪是指公司、企业或者其他单位的工作人员利用职务上的便利，索取他人财物或者非法收受他人财物，为他人谋取利益，数额较大的行为。该罪属妨害对公司、企业管理秩序罪的一种。[1]

所以，倘若日泰接受了老板的贿赂，则构成非国家工作人员受贿罪，老板则构成对非国家工作人员行贿罪。

问题五：为了保护国家一级野生保护动物藏羚羊，日泰等人坚持志愿巡山数年，放弃了大好前程，你认为值得吗？

答："一千个读者就有一千个哈姆雷特。"面对日泰等人这种舍小我成大我的行为，有人觉得值得，也有人觉得不值得。也许不是本人也不会感同身受，但笔者认为这是值得的。有人说："为了所谓的国家保护动物放弃大好前程，只有蠢人才会这么做。"可这在日泰等人的眼中，却不是如此。他们坚持志愿巡山，不仅仅是守护着藏羚羊，也维持着我国生物的多样性。如同 2018 年感动中国十大人物——钟扬，年少成才，放弃上海优渥的研究与生活条件，扎根祖国西南，援藏 16 年，只为填补我国乃至世界种子资源库的空缺，为今后的子孙后代留下"希望

---

[1] 参见 https://baike.so.com/doc/451033-477590.html.

的种子"。钟扬曾说:"不是杰出者才做梦,而是善梦者才杰出。"这位献身在梦想第一线的杰出生物学家,点亮了无数西藏学子的心中明灯,同时也照亮了每一位善梦者的明天。

日泰等人冒着生命危险,放弃大好前程,守护藏羚羊,他们又为了什么呢?只是对这片土地爱得深沉,凭着一腔热血,用自己的生命和前程为藏羚羊搏得一线生机。只因为他们是藏羚羊的最后一道防护线。

马克思主义认为人和社会是不可分割的,人的价值在于为人类社会作贡献。也许,我们只是芸芸众生的一员,没有日泰等人的伟大抱负,但21世纪的青年,理应学习其精神,为祖国事业前仆后继。

所以,日泰等人的行为是值得的,是无法衡量的贡献。

拓展与思考

山野守望者[1]

2020年3月25日,在吉林省蛟河市白石山林业局辖区内,一个集中销毁涉案野生动物尸体及其制品的活动即将举行。在活动现场的一块空地上,摆放着大量的野生动物尸体,里面有珍贵野生动物,也有像狍子、麻雀这样的三有保护动物。动物死体散发着的腥臭味,即使是在户外也挥之不去。

辉南县地处长白山脚下,这里常年属于禁猎区。2018年12月,吉林省辉南县森林公安大队接到群众举报,在朝阳镇的一个烧烤店有人吃烤麻雀。这个线索立刻引起吉林省森林公安局

---

[1] 参见《今日说法》2021年5月8日——"山野守望者"。

第七章 《可可西里》

的高度重视。

麻雀随处可见，曾几何时，它们成为人们餐桌上的佳肴。麻雀是三有保护动物，在不同的地区，有不同的作用。在一些平原地区和产粮地区，人们可能认为它是一种害鸟，但是在林区，它是吃害虫的，是一种益鸟，对树木的生长和其他的一些野生植物，会产生一些至关重要的作用。

吉林省是我国重要的林业基地，拥有丰富的林业资源和野生动物资源。而辉南县位于长白山脚下，著名的龙湾国家级自然保护区就在辉南县境内。麻雀作为三有保护动物，对维护森林的生态平衡，有着不可忽视的作用。

警察便衣到烧烤店进行勘察，在店内发现，有一桌餐桌上有烤麻雀，甚至有10只到28只。通过暗访侦查人员得知：麻雀并不是这家烧烤店的经营者自己捕杀的。经过初步查证，森林公安掌握了烧烤店的违法证据，但是他们并没有对涉案人员立即采取行动。侦查人员表示必须把来源查清楚。

我国法律规定在禁猎区和禁猎期非法狩猎野生动物20只以上即可构成犯罪，辉南县附近是禁猎区且常年处在禁猎期，侦查人员表示，在这个食用烤麻雀的不法行为背后极有可能隐藏着一个巨大的贩卖野生动物的利益链条。通过对烧烤店的秘密侦查，他们很快发现了麻雀的来源。侦查员跟踪烧烤店的老板来到辉南县市场大厦。市场大厦是辉南县最大的农贸市场，出入这里的人很多，很快烧烤店老板就消失在人流里。拿到东西后，烧烤店的老板迅速乘车返回店里。为了知道这个袋子里是什么东西，侦查人员假装去吃饭，结果发现这个袋子里面全是麻雀。很明显，在辉南县朝阳镇的这个市场大厦里隐藏着一个非法销售麻雀的无法商贩。

市场大厦是一个出售农副产品的集贸市场,里面有很多商家都在出售家禽类商品。经过一番侦查,市场大厦公共厕所附近的一个摊点引起侦查人员的注意。摊位的主人叫程某(化名),50多岁。他一直以没有生活费来源为借口,长期霸占着市场里的公共厕所,不仅强行收费,还在厕所门口摆起了摊位。

侦查人员表示:"这个人做事非常谨慎,一般情况下,咱们到店里跟他沟通,说购买野生动物,或者说购买狗子呀,以及这样的一些话语的时候,他非常谨慎,他不轻易露出自己有贩卖野生动物的技巧。"随后,侦查人员扩大了排查线索,目标锁定程某的住宅、仓库以及他的车库。就在侦查员对程某展开调查时,网安民警获取了一个有价值的线索。他们发现有人正在利用互联网进行大量的野生动物肢体交易,从IP地址显示的情况看,这个人就在辉南县。

从视频得知,男子声音较为苍老,经过确定就是程某,对比程某的个人信息,开始发现有大量的快递信息。春节临近,程某的生意越来越好,特别是网上交易愈加红火。专案组决定对程某进行全方位实时监控。2019年1月22日,程某在网上又谈成了一笔交易,于是,侦查人员对其进行了跟踪。

通过跟踪快递车,侦查人员来到城外的一个屯子,快递车来到一个离这个店铺较远的,比较隐秘的地方。侦查人员发现他的冷库是一个简易仓库,案发时正值一月,在辉南县,没有炉火的房子就是天然的冷库。程某在一所破败的房子里打造了自己的仓库空间。2019年1月25日,侦查人员意外地发现程某突然将仓库里的野生动物制品搬空了。

程某一改之前小心谨慎的作风,堂而皇之地将野生动物死体摆到他面前的案板上。侦查人员表示:"从每日的出货量看,这些东西用不了多久,就会销售一空,我们定在1月30日白天开始行动。"这个专案被命名为部督1·30案件。

在逮捕现场,警察发现了大量的野生动物死体,现场弥漫着一股腥臭味。警方经过摸排,最后成功将这个盘踞在吉林省的非法倒卖野生动物的团伙彻底打掉。

◇ 思考题

一、2018年12月,程某在明知不得猎捕野生动物的前提下,多次非法猎捕麻雀、狍子等野生动物。后将非法猎捕的野生动物存放于郊外的冷库中,并将其在市场中进行贩卖。请问,程某是否构成犯罪?

二、烧烤店的老板在程某处购买麻雀,加工制成食品进行售卖,在警方对其进行调查时,拒不承认并且恶语相向,驱赶警方,阻挡警方取证。请问,烧烤店老板是否构成犯罪?如果构成,他构成何罪?

三、在警方便衣到市民举报的烧烤店内进行调查时,发现有一桌餐桌上有烤麻雀,甚至有10只到28只。在询问老板后得知,烤麻雀生意较为受欢迎,"来晚了就没了"。在后续的调查中,警方发现在此烧烤店点烤麻雀的顾客中,还有一所学校的校长。在当今的法律宣传科普下,仍有人吃野味,做着违反法律的事情。请问,作为一名大学生,你对此行为有何看法,又该如何继续加大力度宣传法律,保护野生动物?

第八章
《疯狂的石头》

导　演： 宁浩
编　剧： 张承、宁浩、岳小军
出　品： 映艺娱乐有限公司、四方源创国际影视文化传播（北京）有限公司、中影华纳横店影视有限公司
语　言： 重庆话　青岛话
年　份： 2006年6月30日
获　奖： 第四十三届金马奖最佳原著剧本
第十四届北京大学生电影节最佳导演奖
第七届华语电影传媒大奖最佳导演奖
第十二届中国电影华表奖优秀新人导演奖、优秀数字电影奖及优秀电影技术奖

主演介绍：

郭涛（饰包世宏），1967年12月17日出生于陕西省西安市，中国影视、话剧演员。1992年毕业于中央戏剧学院表演系本科。

刘桦（饰道哥），1961年6月1日出生于吉林省长春市，中国男演员，毕业于中央戏剧学院表演系。

黄渤（饰黑皮），山东青岛人，1974年8月26日出生于甘肃，中国男演员，毕业于北京电影学院表演系配音专业。

徐峥（饰冯董），1972年4月18日出生于上海，中国男演员、导演，毕业于上海戏剧学院。

导 读

　　《疯狂的石头》是由宁浩导演的一部黑色幽默影片。故事起源于一块"石头"，讲的是一群人为这块"石头"疯狂的故事。

　　重庆一家濒临倒闭的工艺厂，八个月发不出工资，面对着被并购的巨大压力。然而，没想到的是，这个工厂在翻建厂里的厕所时，发现了一枚价值连城的翡翠。谢厂长为了让工厂起死回生，决定在重庆关帝庙举办翡翠展览。这不仅可以收取门票费，还可以把翡翠的价格再炒高一点。不巧的是近期电视台播出这样一则新闻：山城连续发生多起入室盗窃案件，盗贼以搬家公司为掩护，招摇过市、屡屡得手。由于厂里没有资金，请不起专业的安保团队，谢厂长只好让厂里唯一读过警校的包世宏担任安全保卫工作。

　　电影里有四组人，分别是谢厂长的儿子谢小盟、道哥团伙、冯董及其助理以及包世宏，导演以一瓶可乐连接四组人物。谢小盟在缆车上调戏一名女子，不想被女子踩了一脚，手里的可乐飞了出去。与此同时，包世宏偷开厂里的车行驶在路上，恰巧被谢小盟不小心扔出窗外的可乐给砸中了，便要下车查看，破口大骂，没有注意到身后的面包车没有拉手刹。于是，面包车顺着地势往下滑并撞上了正在写"拆"字的秦助理的宝马车。巧合的是，道哥一伙偷窃，因违规停车被交警困住，眼看就要被识破，突然传来撞车的声音（正是包世宏撞上了秦助理的车），交警要过去处理交通事故，便放走了道哥一伙人。秦助理回去后，告知了冯董工厂有起死回生的机会，冯董得知非常生气，眼看到嘴的羊要飞走。秦助理却献上一计——"如果这块石头突然消失了呢？"于是冯董便花重金从香港请来一名国际神偷——麦克。

另一边，道哥等人发现偷窃不行，便在轻轨上开始骗人。黑皮喝着可乐，装作惊讶地发现拉环上中了五万块钱，却不知道怎么领奖。一旁的同伙便开始唱双簧，说要去北京领奖，黑皮便表示没有去过北京，不会领。同伙便让他卖给他，但表示兜里只有五千块钱。这时另一个同伙表示人家五万块钱你就给五千，那是坑蒙拐骗，表示自己给一万，可不可以？于是两人开始互相争夺，并骗车上的乘客一起。可这样的骗术早已过时，车上的人们都不信，纷纷下车。道哥等人发现这个方法行不通，便去机场看看有没有机会。这时国际神偷麦克抵达重庆机场，道哥等人看他穿着不凡，手上拎着一个箱子，便略施小计，顺走了麦克的箱子。等到麦克反应过来时，箱子早已不见。

道哥等人回到住处后，便迫不及待地打开箱子，发现里面全是翡翠的资料和各种高科技仪器，于是明白麦克是同行，是来盗取翡翠的。三人当即做了一个决定——偷翡翠。他们分开行动，两人买票去翡翠展厅内打探情况，另一个人则去后院摸清地形。与此同时，麦克也在展厅内摸索，留下了摄像头，监视展厅情况。这边两伙人准备着偷翡翠，而包世宏在防止被偷翡翠，不仅安排人手值班还安装了警报器。

谢厂长的儿子谢小盟，也想偷翡翠。于是，他在外面的摊子买了块假翡翠，并准备好工具，谎称要给翡翠拍照。包世宏见是谢厂长的儿子，防范意识便没那么强，于是打开了玻璃盖，没想在拍照的强光照射一秒内，谢小盟便偷换了翡翠。真是家贼难防啊！当晚，谢小盟便将这价值连城的翡翠送给了一个女

第八章 《疯狂的石头》

子。两人喝得烂醉，回了女子的家。然而，这女子正是道哥的女友，当场被道哥发现后，谢小盟被狠狠地修理了一顿。这时道哥发现了女友身上的翡翠，于是想到了"调包计"，然而他们不知道这是真的翡翠。

第二天他们便去展厅换翡翠，在黑皮吸引了保卫人员后，道哥开了翡翠玻璃罩。不料，麦克出现在身后。这时，包世宏听到动静来到展柜前，看看翡翠。这一看，发现翡翠竟然被换了！他不敢声张。而道哥一行人此时开始B计划，通过下水道来到展厅后院，但是井盖被压住了，只好原路返回，却发现路口被封了。麦克这边化为蜘蛛侠去偷翡翠，却撞见了小军，被反将了一军。包世宏等人听到警报器立马赶来，发现翡翠又被动了。

道哥等人拿到翡翠后，联系了冯董，经过鉴定，发现是假的，而展厅里是真的。秦助理还认为麦克还没动手。道哥审理谢小盟后，发现原来的就是真的。几番轮回后，包世宏要回了假翡翠，他信以为真把假翡翠放回展厅，把真的带回家收藏。另一边，谢厂长没禁住冯董的诱惑，还是把厂卖了。包世宏知道后，夺门而去。

麦克蹲了几天展厅，得知翡翠被冯董买走，秉承着不完成任务不罢休的精神，他再次化身蜘蛛侠，进入冯董办公室偷翡翠。在专心开锁时，冯董出现在身后，争打之下，麦克错手杀了冯董。这时，麦克发现雇主正是冯董。

故事的最后，麦克被抓，假翡翠卖的价钱由工厂获得，而冯董死了，工厂不用倒闭，工厂的工人也不用失业，真翡翠被包世宏送给了媳妇，镜头最后是黑皮在公路上被面包店老板追赶。

本章核心问题

问题一：道哥等人以搬家作掩护，入室盗窃，假如所盗得的财物只值 500 元，他们是否可以构成盗窃罪？

◇ 场景片段重现

道哥：敬礼！作揖！你要是什么都不会，我就……我可就把你微波了啊。我真就给你微波了。

（道哥一伙人搬着东西下楼，看见一名警察站在车旁。）

道哥：看什么看啊，搬！

交警：你好，这是你的车辆？

道哥：嗯嗯。

交警：违章停车啊，出示一下驾照。运营证呢？

道哥：找找，车里面有。来，您抽根烟。

交警：噢，不会，谢谢。"

道哥：您说。我们车不停这，停哪啊？我们确实也是不知道，您给通融，通融。

（正在黑皮准备一锤子下去的时候，传来骑车撞上的声音。）

答：构成。盗窃罪是指以非法占有为目的，盗窃公私财物，数额较大的，或者多次盗窃、入户盗窃、携带凶器盗窃、扒窃的行为。本案中，道哥等人主观上具有非法占有他人财物的故意，客观上实施了入室盗窃行为，虽然盗窃财物仅仅价值 500 元，但由于具有入室盗窃这一情节，仍然构成盗窃罪。

问题二：谢小盟假装受伤向其父亲讨要钱财，假如要到5000元，他是否构成犯罪？

◇ 场景片段重现

谢小盟：爸，爸！（看到一个龙椅，走过去坐下，又从旁边挖过来一个箱子，一边哎哟一边把腿翘在箱子上。旁边有一个杯子刚泡好茶。他端起来喝了一口。）

厂长：又咋了？（挂着大刀转过身，上下怀疑地打量着谢小盟）

谢小盟：出车祸了……

厂长：狗日的，又给老子惹祸。哪儿折了？（疑惑地一边询问一边用刀试探性地碰碰谢小盟的腿）

谢小盟：哎呀，别捅，别捅。骨头没断，筋、筋……我开小四的车，撞墙上了，小四还在医院呢。

厂长：咋不撞死你？（推谢小盟的脑袋）手就那么贱？

谢小盟：打打打，就知道打！人家小四在医院趴着呢，先给我拿点儿钱吧。

厂长：我咋就生了你这么个败家子儿？没钱给老子滚！

包世宏等人：啊哟，老谢，老谢，小孩子的事哪能发那么大的火呢！

谢小盟：爸，救人要紧，如果小四出了啥事就不是钱的事了！

厂长：多少？

谢小盟：先拿五千吧！

厂长：小兔崽子！你还真把你老子当印钞机了！唉，早晚把老子气死！（恼怒至极，一把把钱包摔在谢小盟脸上。）

谢小盟：这哪儿够啊！（扒拉钱包）卡，卡呢？

厂长：卡？我他妈砍死你！

包世宏：老谢、老谢，别动家伙。（急忙上来拦住把刀从厂长手里夺下。）

谢小盟：你凶，你凶，我走还不行？（包世宏拉住厂长的时候，谢小盟趁机离开，并把钱包塞给旁边的人。）

答：谢小盟不构成犯罪。本案涉嫌的罪名是诈骗罪。

《刑法》第266条规定："诈骗公私财物，数额较大的，处三年以下有期徒刑、拘役或者管制，并处或者单处罚金；数额巨大或者有其他严重情节的，处三年以上十年以下有期徒刑，并处罚金；数额特别巨大或者有其他特别严重情节的，处十年以上有期徒刑或者无期徒刑，并处罚金或者没收财产。本法另有规定的，依照规定。"

诈骗罪是指以非法占有为目的，使用虚构事实、隐瞒真相的方法，骗取数额较大公私财物的行为。[1]

本罪的构成特征：

1. 本罪的客体是公私财产的所有权。犯罪对象：公私财物，包括财产性利益；可以是动产，也可以是不动产。数额至少3000元。

2. 客观方面表现为使用虚构事实或者隐瞒真相的方法，骗取公私财物，数额较大的行为。

（1）行为人实施了虚构事实、隐瞒真相的行为。

（2）被害人陷入错误认识；且被害人陷入错误认识与行为

---

[1] 参见《刑法学》编写组：《刑法学》（上册·总论），高等教育出版社2019年版。

人虚构事实、隐瞒真相的行为之间有刑法上的因果关系。

(3) 被害人自愿处分财物：被害人自愿交付财物或放弃（积极或者消极）财物。

第一，自愿处分财物，包括自愿交付和放弃财物。

第二，被害人要有处分意识，即财物的交付或放弃，不违背被害人意志。此外，处分意识须以处分认识为前提。

第三，被害人须具有处分能力，否则属于盗窃行为。

第四，注意三角诈骗的构造与理解。

3. 本罪的主体为一般主体，即年满16周岁，具有刑事责任能力的自然人。

4. 本罪的主观方面是故意，且行为人主观上具有非法占有的目的。

本罪与非罪的界限：

(1) 诈骗数额与本罪认定。2011年最高人民法院、最高人民检察院《关于办理诈骗刑事案件具体应用法律若干问题的解释》第1条规定："诈骗公私财物价值三千元至一万元以上、三万元至十万元以上、五十万元以上的，应当分别认定为刑法第二百六十六条规定的'数额较大'、'数额巨大'、'数额特别巨大'。各省、自治区、直辖市高级人民法院、人民检察院可以结合本地区经济社会发展状况，在前款规定的数额幅度内，共同研究确定本地区执行的具体数额标准，报最高人民法院、最高人民检察院备案。"

(2) 诈骗罪与借贷纠纷的界限。借贷纠纷是指因借用他人财物不能按时归还，在借用人与出借人之间产生的纠纷。一般借贷纠纷是一种民事法律关系，应受民事法律调整。

(3) 本罪与其他特殊诈骗犯罪的界限。《刑法》第266

条规定,该法另有规定的,依照规定。普通诈骗罪与特殊诈骗罪存在法条竞合关系,应根据特别法优于普通法的原则适用。

普通诈骗罪与特殊诈骗犯罪的区别在于:①客体不同;②客观方面不同;③犯罪主体不尽相同。

5. 诈骗的未遂与处理。

第一,诈骗未遂,以数额巨大的财物为诈骗目标的,或者具有其他严重情节的,应当定罪处罚。

第二,诈骗既有既遂,又有未遂,分别达到不同量刑幅度的,依照处罚较重的规定处罚;达到同一量刑幅度的,以诈骗罪既遂处罚。

本案中,谢小盟具有非法占有其父亲财产的目的,客观上采取了欺骗手段,最终却被其父亲识破而未遂。从表面上看,其行为似乎符合诈骗罪(未遂)的构成要件。然而,无论谢小盟采用何种欺骗手段,其父亲是否给予其钱财的最主要原因并非其理由而是其对于子女的关爱从而进行赠与,而不在于谢小盟的骗或不骗。因此,谢小盟不构成诈骗罪(未遂)。

问题三:冯董雇佣国际大盗麦克去盗窃翡翠,他在共犯中的身份是什么?

◇ 场景片段重现

(四眼去香港请麦克)

四眼:高手啊!隐藏得够深的!"裁缝!"

(麦克趁四眼说话的功夫,迅速掐灭他嘴里的烟头,丢到水杯里。)

麦克：是服装设计。

四眼：明说吧，How much？

麦克：十万美金。

四眼：要不要定个房间？

麦克：一台车就够了。

答：冯董与麦克属于共同犯罪，由于冯董发挥着组织、策划和实施的作用，所以，他属于主犯，麦克属于从犯。共同犯罪是指二人以上共同故意犯罪。共同犯罪的主体必须是二人以上。此处所谓的共同犯罪人既包括自然人，也包括单位。其主观方面体现为各共同犯罪人之间具有共同故意，形成意思联络；客观方面表现为各犯罪人具有共同行为。共同过失犯罪、片面共犯、实行过限等均不能构成共同犯罪。在我国刑法中，共同犯罪人分为主犯、从犯、胁从犯和教唆犯。组织、领导犯罪集团进行犯罪活动的或者在共同犯罪中起主要作用的，是主犯；在共同犯罪中起次要或者辅助作用的，是从犯；被胁迫参加犯罪的，是胁从犯；故意唆使他人犯罪的，是教唆犯。

问题四：谢小盟利用包世宏的信任，借拍照之机将翡翠取出，构成盗窃罪还是诈骗罪？

◇ 场景片段重现

谢小盟：包哥帮我举一下反光板。

包世宏：举哪儿？（接过反光板，不知所措。）

谢小盟：这儿，这儿正对灯的位置。（悄悄从兜里拿出赝品。）

（包世宏走到展柜旁，举着反光板。）

谢小盟： 你看着灯，正对着，就这儿，就这儿。

（包世宏嘴里叼着烟，盯着闪光灯，认真调整着手中反光板的角度。谢小盟看着包世宏的反应，按下手中闪灯连线。"噗"的一声，包世宏眼前一花，把头扭开，烟灰落地。谢小盟趁包世宏一揉眼睛的工夫，迅速拿出展柜里的翡翠，将赝品放入展柜，将翡翠放进兜里。）

谢小盟： 对不住包哥，走火了，走火了。

包世宏： 没事儿，快拍吧。

（谢小盟按下快门，拍下一张赝品翡翠的照片。）

答： 谢小盟构成盗窃罪而不构成诈骗罪。

盗窃罪与诈骗罪的犯罪行为人主观上都具有非法占有他人财物的目的，但通说认为，盗窃罪是以秘密手段获取他人财物，被害人没有处分财物的意思表示，而诈骗罪的被害人具有处分财物的意思表示，本案中，包世宏并没有处分该翡翠的意思表示。所以，谢小盟构成盗窃罪而非诈骗罪。

问题五： 道哥等人利用谢小盟向厂长讨要翡翠但没有成功，他们构成何种犯罪的何种形态？

◇ 场景片段重现

小军： 黑皮不会出事吧，他不会点了咱们吧？

道哥： 给他个胆子！（将手机交给谢小盟）来吧小公子，给你爹地打个电话。

（谢小盟忙接过手机按号码。厂长正在看面前的几份合同。此时电话铃响起，厂长顺手接听。）

厂长： 喂……

谢小盟（急促地）：爸！爸！爸！救我！救我！爸，我被人绑架了，爸……

（厂长二话不说，将电话挂断。谢小盟拿着被挂断的电话，一脸哭相，有些不知所措，抬头看了看道哥。）

道哥：说话呀！

谢小盟：断了。

道哥：接着打！（抽了谢小盟一巴掌，谢小盟终于哭出声来。）

道哥：哭……哭着打！哭！（又一巴掌）

（厂长办公室里，厂长正在看一份合同。此时，厂长桌上的电话又响起。）

道哥：喂，你是他爹吧！我跟你说你儿子在我们手里，要命，就赶紧拿那个翡翠来换，否则我……

厂长：否则撕票是吧？赶紧撕，谢谢你。（挂断电话。）

道哥：喂，喂……（问小军）我没说清楚吗？

（电话铃声紧接着又响起。）

厂长：喂？

警察：您好，谢厂长吧？我派出所的。有人反映你儿子谢小盟失踪了……

厂长：你小子听着，不要找那么多人来演戏，你爸我过的桥，比你走过的路都还多！

答：他们构成绑架罪未遂。

《刑法》第 239 条规定："以勒索财物为目的绑架他人的，或者绑架他人作为人质的，处十年以上有期徒刑或者无期徒刑，并处罚金或者没收财产；情节较轻的，处五年以上十年以下有期徒刑，并处罚金。犯前款罪，杀害被绑架人的，或者故意伤害被绑架人,致人重伤、死亡的,处无期徒刑或者死刑,并处没收财产。以勒索财物为目的偷盗婴幼儿的,依照前两款的规定处罚。"[1]

1. 本罪的概念与构成特征

绑架罪是指以勒索财物为目的绑架他人,或者绑架他人为人质的行为。其构成特征是:

(1) 本罪侵犯的客体是复杂客体,主要是他人的人身权利。

(2) 本罪客观方面表现为使用暴力、胁迫或者其他方法劫持他人或者使他人处于自己的实力控制之下的行为。其行为特征:犯罪的手段即暴力、胁迫、其他方法。

偷盗婴幼儿,构成绑架罪。但讨要债务的,应定非法拘禁罪。

2. 本罪的主体

本罪的犯罪主体是一般主体,限制刑事责任能力人实施绑架行为的处理应定故意伤害罪或者故意杀人罪。

3. 本罪的主观方面

本罪主观上是故意,并且具有勒索财物或者以他人为人质的目的。

本案中,道哥等人绑架谢小盟后,本想向其父亲讨要钱财,但无法成功,属于欲达目的而不能,是绑架罪未遂。

---

[1] 参见《刑法学》编写组:《刑法学》(下册·分论),高等教育出版社2019年版。

问题六：四眼为了讨要1000万元，采用了敲诈勒索的手段，冯董使用弓弩将其射杀，冯董是否构成正当防卫？

◇ 场景片段重现

（办公室内）

冯董：这么大投资让你给毁了，你还有脸跑来跟我要钱啊。

四眼：我跟了你这么多年了，我没有功劳也有苦劳，没有苦劳我也有疲劳吧，冯董，您再给我一次机会。（抱着冯董的腿说）

冯董：我再给你一次机会。（一脚踢开四眼）

四眼：我这些年把你伺候舒服了，你做的事我都晓得，做八辈子牢都够了。你屁股上哪边长有麻子，我都是清清楚楚的，你就在这安安心心的等警察吧。

（一箭射到了四眼头上）

四眼：百步穿杨。（说完就倒下了）

冯董董将四眼儿的尸体藏进厕所，洗手，然后整理着衣襟走进洗手间。

答：冯董不构成正当防卫。

面对四眼的敲诈勒索，冯董完全可以采取报警等措施实现自我保护，但是，他没有，而是直接杀害了四眼，四眼的敲诈行为并没有使用暴力手段，此时不存在正在进行的暴力行为，冯董却使用了杀人的暴力手段。所以，冯董的行为不属于正当防卫，构成故意杀人罪既遂。

问题七：道哥等人长期结伙盗窃，他们是否构成累犯？

◇ 场景片段重现

（公共汽车上，黑皮拉开一个易拉罐，喝下一口饮料，无意地看了看手中的拉盖，突然惊呼一声拉住身边的小军。）

黑皮：这位师傅，你看我这是不是中奖了？

小军：哟，真中了！五万啊兄弟！

黑皮：我还有这命呢！到哪儿领啊？

（小军拿过黑皮手中的饮料罐，仔细端详。）

小军：这不写着了嘛，北京啊！

黑皮：啊？北京！（旁边几个人走开）

黑皮：我没去过北京呀，那咋领啊？

小军：别急兄弟……要不这么着吧，我看你也挺着急的，你把它卖给我得了，我现在有五千怎么样？

道哥：嘿嘿，你这不是蒙人吗？人家五万的东西，你五千就想买？我出一万兄弟，别听他的。

小军（拽住黑皮）：兄弟我出一万五。

（旁边坐着三四个乘客冷静地看着他们的表演，警惕地抱着自己的包。）

道哥（转向旁边的一位妇女怂恿）：我这里只有五千，大姐，您带钱没有，要有您给凑点儿，领了奖我们对半分。（妇女紧抱着自己的包，不说话。）

（中年男子直接起身下车。道哥又看看周围，发现其他人纷纷起身离去，只剩下一个戴墨镜的瘦人。道哥情急，抢过黑皮手中的拉盖，凑到戴墨镜的瘦人眼前。）

第八章 《疯狂的石头》

道哥：你看看，真的中了五万！你看看！（戴墨镜的瘦人无动于衷。车到站了，车门开了。）

车里广播：下一站，机场。

（戴墨镜的瘦人拿起拐棍站起身走了。）

小军：大哥，都演一上午了，也没收成。这招儿我们不专业，恐怕不成吧？

黑皮（也凑到道哥耳边）：要不咱们再回去搬家？

（下一站。轻轨飞快驶过，挡住镜头接着一架飞机驶过。机场外，麦克一身酷装，戴着黑墨镜，拎着一个白色旅行箱出现在机场的人流里，显得很扎眼。他来到路边正准备伸手拦车。黑皮突然从后面蒙住他的眼睛。）

黑皮：你猜我是谁？

麦克：先生你认错人啦。

（这时道哥和小军迅速拎起麦克放在身边的皮箱上了刚刚停下的出租车。）

黑皮：听不出来吗？再给你一次机会！（出租车开走。）

麦克：先生！放开，我不认识你。

（黑皮松开手转身立刻消失在背后人群里。麦克睁开眼，揉了揉眼睛回头看看，身后早已没人。他有些莫名其妙，再看自己的皮箱，也没了。）

答：他们不构成累犯。

累犯是指因犯罪而受过一定的刑罚处罚，刑罚执行完毕或者赦免以后，在法定期限内又犯一定之罪的犯罪人。惯犯是指在较长时间内反复实施同种犯罪，以此为常业或者以犯罪所得作为生活或者挥霍、腐化的主要来源，并养成恶习的犯罪分子。再犯是指再次犯罪的人，也即两次或两次以上实施犯罪的人。

177

就再犯而言，后犯之罪在实施的时间上并无限制，既可以是在前罪刑罚执行期间实施，也可以是在刑满释放之后实施。本案中，道哥等人长期结伙作案，更符合惯犯的特点，而不符合累犯的特点，因为累犯要求前罪和后罪都必须判处有期徒刑以上刑罚，且两罪间隔在5年以上，前一犯罪主体必须为成年人。在电影中，没有情节表明道哥等人曾经受过刑罚处罚，只是表明其反复、多次结伙作案。

因此，他们构成惯犯，而非累犯。

问题八：包世宏知道厂子被出卖后，大闹展览会场，造成恶劣影响。他是否构成犯罪？

◇ 场景片段重现

（寺庙展厅日，厂长和冯董走到台上。台下人头攒动。旁边几个记者正在拍照。）

厂长： 现在我宣布，翡翠工艺品展出胜利闭幕！现在我们欢迎我们的好朋友、大发展集团公司董事长冯海先生给我们致辞。大家欢迎！

冯董： 我谨代表大发展集团公司，向此次展出的胜利闭幕表示衷心祝贺。我给大家带来了一个好消息：我们大发展集团公司愿意出价八百五十万收购这颗珍贵的翡翠……

（台下掌声又响起。只有包世宏的表情僵硬。）

冯董： 另外向各位媒体朋友宣布，那就是，我们大发展集团公司将进一步携手曙光工艺品厂，深度合作，全面开发这块热土。届时，一个非常高档的酒店式公寓，在这里拔地而起！

［冯董正要接着往下说，突然展厅里警铃大作。包世宏的手

从狮子嘴里（警铃开关处）刚抽出来，这顺手拔起彩旗和横幅。台上的冯董手足无措。]

厂长：关了，关了！

（一个保安在狮子嘴里东摸西摸……警铃声戛然而止。）

厂长：包世宏，你想干啥，马上给我停下，马上给我停下……

（包世宏拿着一面彩旗，用力折断，摔在地上，然后对着厂长。）

包世宏：谢千里，你当初怎么说的？你口口声声说卖石头救厂，厂子里的老老少少都指望着开工哪，你把全厂老少都给卖了，你良心让狗吃了！

（三宝跟在包世宏身边，还没弄清咋回事，顺脚踢开包世宏折断的彩旗。包世宏吐了口痰，耸了耸衣服，走出会场。三宝抄着兜跟在后面。）

答：他构成寻衅滋事罪（既遂）。

《刑法》第293条规定："有下列寻衅滋事行为之一，破坏社会秩序的，处五年以下有期徒刑、拘役或者管制：（一）随意殴打他人，情节恶劣的；（二）追逐、拦截、辱骂、恐吓他人，情节恶劣的；（三）强拿硬要或者任意损毁、占用公私财物，情节严重的；（四）在公共场所起哄闹事，造成公共场所秩序严重混乱的。纠集他人多次实施前款行为，严重破坏社会秩序的，处五年以上十年以下有期徒刑，可以并处罚金。"

本案中，包世宏为了发泄自己的不满，起哄闹事，扰乱、冲击会场秩序，造成公共场所秩序严重混乱，导致工厂重大利益损失，尽管其似乎有其道理，但该理由并不是其应当冲击会场秩序的借口，他的行为构成寻衅滋事罪（既遂）。

拓展与思考

被盗黄金一百万[1]

2021年9月10日，乐陵市公安局接到报警，对方称他们家的黄金首饰被盗了，损失近110万元。接警后，警察第一时间赶到了案发现场。这家商场装有安防系统，民警随即调取了监控视频。警方对视频进行分析，怀疑郝某有作案嫌疑。2021年9月14日，在离中心现场900米远的地方，侦查员发现了一处民用监控，在监控中发现了一辆可疑摩托车。警方对摩托车进行监控追踪，最后成功锁定了犯罪嫌疑人。

◇ 思考题

一、商场的一家黄金首饰被盗，价值百万元，请问盗窃价值百万元的物品，该如何判刑？

二、在警察进行调查取证时，并没有在现场发现指纹等证据，仅有一个监控视频，这时，警方是否可以对犯罪嫌疑人郝某提请逮捕？

三、警方通过犯罪嫌疑人郝某的作案手法等，判断其是二次违法，怀疑其有前科。经过调查后，发现其确有前科。请问，在有前科的前提下，再次违法犯罪，是否要加重刑罚？

---

[1] 参见《今日说法》2021年12月22日——"被盗黄金一百万"。

第九章
《落叶归根》

导　　演：张杨
编　　剧：张扬、王要
语　　言：普通话
出品时间：2007 年 1 月 19 日
出品公司：北京金强盛世文化传播有限公司、星皓娱乐有限公司联合出品
获　　奖：
第 57 届柏林电影节独立影评人（全景单元）最佳电影奖
第 44 届金马奖观众票选最佳影片奖，最佳剧情片、最佳男主角提名
第 27 届金像奖提名
主演介绍：

赵本山（饰演老赵），1957 年 10 月 2 日出生于辽宁省铁岭市开原市，著名喜剧表演艺术家、国家一级演员，东北二人转教授，全国政协委员、中国曲艺家协会会员、全国青联委员、本山传媒集团董事长。

宋丹丹（饰演中年妇女），1961 年 8 月 25 日生于北京市，中国女演员，北京人民艺术剧院国家一级话剧演员。

洪启文（饰演老刘），1955 年出生于云南省，一所影视公司的专职司机、演员。

导 读

　　电影开头是赵本山饰演的老赵在一家餐厅喝酒，身边带着因公去世的好友，为了把好友带回家乡安葬，老赵给他灌了点酒，带上墨镜便上了回家的大巴车。大巴行驶在路上，司机借空让各位乘客下车上厕所，但由于刘全有的姿势问题，导致部分女乘客误认为其偷看，引起一番争端。老赵为顺利回去，不得不附和，这才得以平息。一波未平一波又起，大巴车刚开不久，便遇上一群劫匪。在劫匪要求老赵交出财物的时候，为保护刘全有留给家人的补偿金，老赵暴露了尸体，却也因此赢得劫匪老大的敬重，也救了一车人的财物。但一车人非但不感激和体谅，反而在拿回自己财物的同时，把老赵和刘全有赶下车。

　　自此，老赵在路上，一边背着尸体，一边拦车。但是，路过的车辆，来来往往都不愿搭载一程。这时，一辆大货车驶来，老赵为搭上车，只好假装刘全有是病人，需要紧急救治，最终有好心人拉上他们，到达医院。到了医院门口，老赵趁机溜走，来到一个落脚地，暂住一晚。但是，经历了一夜后，老赵发现钱被偷了，便与同住的他人起了争端。但是由于运输尸体，老赵不能报警，只好放弃那丢失的500块钱。悲喜交加的是原本不好相处的那位同住者，尽管知道刘全有已死，也载上了他一程。

　　到了分岔路口，老赵又开始背着尸体步行回去。一路上，老赵为了搭上车，帮他人推车，却被甩开；遇上丧仪队伍，为了解决吃饭问题，他去别人的葬礼哭丧。好在，一路也有好心人的帮助，一位骑行去西藏的年轻小伙子，帮他推运；一家好心人，给了一顿饱饭，还帮忙运送尸体；一位发廊女帮他逃过警察的盘问，还为刘全有化妆，掩盖尸斑。尽管一路磕磕绊绊，遇到劫匪、盗贼、黑心老板，却从未动摇老赵把刘全有尸体运回家乡安葬的决心。

电影中穿插了老赵遇到非法卖血的无良商人，骗原本想要献血却因病不得献血的老赵。在到了那个场地时，老赵遇到了一位中年妇女，在之后的相处中，了解到她令人叹息的经历，自己为儿子卖血，却被嫌弃。两个命运悲惨的人，在这里得到了一丝慰藉，并生了一丝情愫，但老赵还是拒绝了她的好意，又重新走上了运输尸体的路程。

靠着一路搭车步行，老赵以坚定的毅力，就快到达目的地了。但祸不单行，不幸遇上泥石流，好在被一个老警察搭救，送进了医院治疗，并最终在警察的劝说下火化了刘全有，一起送刘全有回到故乡。在老警察的帮助下，老赵带着刘全有的骨灰回到故乡，但他发现故乡已然荒芜，村庄都被埋进了水底，昔日的村庄变成了水库。在水库坝区移民后的废墟里，老赵看到了一块木板上留有刘全有儿子的一段话，老赵又一次哭了。电影的最后，老警察拍拍老赵后背，说："走吧，这离宜昌还有7小时。"开放式的结局，让观众尽情地发挥想象，希望在那个故事的最后，是老赵带着刘全有的骨灰，找到了他的家人，并好生安葬，落叶归根。

第九章 《落叶归根》

本章核心问题

问题一：劫匪在抢劫老赵所持有的老刘钱财过程中，因对方为死尸而放弃，他是否构成犯罪？

◇ 场景片段重现

（老赵所搭乘的汽车驶过一条小路，劫匪假扮车祸上车进行抢劫。）

劫匪：师傅帮个忙好吗？

司机：怎么了？撞车？

劫匪：对，可能要送医院，帮个忙好吗？（劫匪开门上车）别动，把门打开，都别动！别动！坐好！别叫，别动，都坐好！都别动！

劫匪老大：富贵险中求，恶向胆边生。通知一下，现在开始打劫。有钱的赶紧出钱，没钱的赶紧借钱，不要让老子费心……（车上有劫匪，赶快报警）……你他妈的还乱发短讯，老子最恨暗箱操作的人。都老实点，听见了吗？……别装睡，赶紧起来，喂喂喂。

老赵：这五百是我的，你可以拿去。这五千是他的，你不能拿。

劫匪老大：你说这话就是对我这个行业最大的侮辱，我上抢天，下抢地，中抢空气，还有什么我不能拿的？

老赵：死人的钱，你可以拿吗？

劫匪老大：死了？怎么回事？

老赵：我这个兄弟一辈子就是窝囊，俺俩在一起打工，他死在工地，他的命不好，不是工伤，喝酒喝死的。按理说老板不应该赔钱，他良心好，给了五千元。这条命就值五千元。

劫匪老大：他这一辈子真是很窝囊，死了也不能卖个好价钱，死了也倒省心了。

老赵：他省心了，他家还有妻儿老小，都靠他养活，都依赖他，我必须把这些钱交给他的家人。

劫匪老大：你就让他家人过来，把人烧了，钱不就可以拿回来了吗？

老赵：太远了。来回路费和火化的钱，还有能剩下来的吗？这是我跟他的承诺。活要见人，死了也要见尸。他们有个风俗，如果抛尸在外，下辈子就会变成孤魂野鬼。

劫匪老大：我明白了，这叫"落叶归根"……入土为安。

老赵：就是这个意思。

劫匪老大：仗义……真他妈的仗义！……看清楚，这些钱都是他的，谁也不许动。收工！

答：劫匪构成抢劫罪（中止）。

《刑法》第263条规定："以暴力、胁迫或者其他方法抢劫公私财物的，处三年以上十年以下有期徒刑，并处罚金；有下列情形之一的，处十年以上有期徒刑、无期徒刑或者死刑，并处罚金或者没收财产：（一）入户抢劫的；（二）在公共交通工具上抢劫的；（三）抢劫银行或者其他金融机构的；（四）多次抢劫或者抢劫数额巨大的；（五）抢劫致人重伤、死亡的；（六）冒充军警人员抢劫的；（七）持枪抢劫的；（八）抢劫军用物资或者抢险、救灾、救济物资的。"

抢劫罪是指以非法占有为目的，以暴力、胁迫或者其他方法，当场强行劫取公私财物的行为。[1]

本罪的构成特征是：

1. 本罪侵犯的客体为复杂客体，即公私财产所有权和人身权。

2. 本罪在客观方面表现为以暴力、胁迫或者其他方法，当场强行劫取公私财物的行为。抢劫罪属于复行为犯，实行行为由手段（方法）行为和目的行为构成。

（1）暴力方法。第一，含义：指对被害人人身实施的打击或强制，意在排除被害人的反抗，使得被害人不敢反抗或者失去反抗能力的行为。如殴打、捆绑、伤害等。第二，对象：财物的所有者或保管者本人；也可以针对在场的与财物所有人或保管人有密切关系的人。第三，时间：当场实施。第四，程度：主要涉及的是暴力的下限与上限问题。关于下限：一般认为，暴力没有程度的限制，只要行为在事实上抑制了被害人的反抗，即可认定为本罪中的暴力。关于上限，即是否包括故意杀人的行为。2001年最高人民法院颁布的《关于抢劫过程中故意杀人案件如何定罪问题的批复》指出：“行为人为劫取财物而预谋故意杀人，或者在劫取财物过程中，为制服被害人反抗而故意杀人的，以抢劫罪定罪处罚。行为人实施抢劫后，为灭口而故意杀人的，以抢劫罪和故意杀人罪定罪，实行数罪并罚。”

（2）胁迫方法。第一，含义：指对被害人（财物的占有人、持有者、保管者）以当场实施暴力相威胁，使被害人精神上感到恐惧而不敢反抗，不得不当场交出财物或不敢阻止行为人夺

---

[1] 本部分参见徐少华编著：《刑法专题讲座精讲卷》，中国石化出版社2020年版。

取财物的行为。第二，胁迫对象：财物的占有人、持有者、保管者。第三，胁迫内容：当场使用暴力相威胁。第四，胁迫方式：可以是语言，也可以是动作。

(3) 其他方法。第一，含义：指为了当场非法占有财物，而采用的暴力、胁迫之外使被害人不知或不能反抗的方法。第二，其他方法是指暴力、胁迫以外的其他人身强制方法。如用酒灌醉、用药物麻醉、利用催眠术催眠等。第三，其他方法同样要求使得被害人处于不知或不能反抗的状态。即其他方法与被害人的不知或不能反抗的状态之间要有刑法上的因果关系。

3. 本罪的主体为一般主体。根据《刑法》第17条的规定，已满14周岁不满16周岁的人犯抢劫罪的，应当负刑事责任。

4. 本罪的主观方面表现为故意，行为人具有非法占有的目的。

5. 本罪与非罪的界限。《刑法》第263条未规定本罪入罪的数额或情节标准，但是，数额和情节依然具有区别抢劫罪与非罪的功能。如果没有达到"数额较大"，同时情节较轻、危害不大的，一般不以犯罪论处。此处需要注意的是，由于借贷或者其他财产纠纷，使用强制方法夺取对方财物，以抵债款或者作为抵押本人财物的，构成抢劫罪。这是实践中的做法。

6. 本罪与相似犯罪的界限。①冒充正在执行公务的人民警察、联防人员，以抓卖淫嫖娼、赌博等违法行为为名非法占有财物的行为定性：定敲诈勒索罪，使用暴力或者暴力威胁的，定抢劫罪。②以暴力、胁迫手段索取超出正常交易价钱、费用的钱财的行为定性：定抢劫罪。

7. 抢劫罪与绑架罪的界限。两者的主要区别在于：①主观方面不尽相同。抢劫罪中，行为人一般出于非法占有他人财物的故意实施抢劫行为;绑架罪中,行为人既可能为勒索他人财物而实施绑架行为,也可能出于其他非经济目的实施绑架行为。②行为手段不尽相同。抢劫罪表现为行为人劫取财物一般应在同一时间、同一地点,具有"当场性";绑架罪表现为行为人以杀害、伤害等方式向被绑架人的亲属或其他人或单位发出威胁,索取赎金或提出其他非法要求,劫取财物一般不具有"当场性"。绑架过程中又当场劫取被害人随身携带财物的,同时触犯绑架罪和抢劫罪两项罪名,应择一重罪定罪处罚。

8. 驾驶机动车、非机动车夺取他人财物行为的定性。将机动车作为暴力工具使用时,包括排除反抗、强拉硬拽、明知会使得被害人受到轻伤以上结果仍然强行夺取的并造成轻伤以上结果的,定抢劫罪。

9. 关于抢劫特定财物行为的定性。第一,以毒品、假币、淫秽物品等违禁品为对象,实施抢劫的,以抢劫罪定罪;抢劫的违禁品数量作为量刑情节予以考虑。第二,抢劫赌资、犯罪所得的赃款赃物的,以抢劫罪定罪,但行为人仅以其所输赌资或所赢赌债为抢劫对象,一般不以抢劫罪定罪处罚。构成其他犯罪的,依照《刑法》的相关规定处罚。第三,个人使用暴力、胁迫等手段取得家庭成员或近亲属财产的,一般不以抢劫罪定罪处罚,构成其他犯罪的,依照《刑法》的相关规定处理。教唆或者伙同他人采取暴力、胁迫等手段劫取家庭成员或近亲属财产的,可以抢劫罪定罪处罚。

抢劫罪侵犯的是复杂客体,其既侵犯财产权利又侵犯人身权利。具备劫取财物或者造成他人轻伤以上后果两者之一的,均属抢劫既遂;既未劫取财物,又未造成他人人身伤害后果的,构成抢劫未遂。

本案中，劫匪为了非法占有他人财物，实施了足以压制对方反抗的非法行为，当场抢劫他人财物，构成抢劫罪。在抢劫的实行阶段能够继续进行抢劫而因为敬佩老赵的义举而放弃了继续实施犯罪，属于实行阶段的中止。对中止犯，应当减轻或者免除处罚。本案中，由于该劫匪没有造成危害后果，应当免除处罚。

问题二：同寝人把老赵随身携带的钱财 500 元偷走了，是否构成盗窃罪？

◇ 场景片段重现

（老赵借"心脏病"欺骗到一个司机开车到一个地方借宿。在老赵睡着之际，一个人趁机偷走老赵身上的钱。不巧老刘双眼睁开，把同寝人吓到，碰到了东西，惊醒了老赵。）

老赵：谁？

同寝人：撒尿……撒尿……你兄弟醒了。

老赵：撒尿，你看什么？意外，纯属意外哈。

（第二天）

老赵：我背着一个病人，身上只有一点钱，你说我没有钱，我怎算好。你们让我搜身，对不起大家。我的钱我认得出来。

同寝人：你凭什么搜我们？

其余同寝人：对啊，你凭什么搜我们？

老赵：我的钱没有了！

同寝人：你怎么把我们当贼？

老赵：钱就在这屋没得！

同寝人：你看一眼，这是不是你的钱？我们各自都带着钱。看好了啊！

老赵：报警吧，警察来了什么都明白，谁都别走，不找到不行。

答：同寝人不构成盗窃罪。因为按照今天盗窃罪的定罪数额标准，500元已经不能达到定罪数额要求。因此，我们不能将这一行为定为盗窃罪的犯罪行为。

问题三：老赵在餐馆吃饭时被要求支付600元餐费，并受到饭店老板的暴力威胁，餐馆老板等人构成何种犯罪？

◇ 场景片段重现

（老赵去一家饭店吃饭。）

老板娘：师傅，你的饭做好了。

（老赵吃完后。）

老赵：伙计，买单。

老板：600元。

老赵：多少？

老板：600元。

老赵：600元，吃什么了？

老板：要肉，我给你来一只野鸡。要鱼，河里的娃娃鱼，娃娃鱼一条400元，一只野鸡200元，菜和白饭送的，正好六百元。

老赵：那你应该事先告诉我。

老板：那你也没问我。

老赵：那我也没要这娃娃鱼。

老板：这是山珍海味店，要别的没有。

老赵：那你这是坑人，再说，娃娃鱼也不让吃的。你让人知道了，举报了，那就完了，违法了。

老板：你要没钱可以不吃，你要说我违法，我可不答应……

老赵：不答应，我现在怎……

老板：有钱给钱，没钱你可走不了……

老赵：走不了，走不了那就不走，你能怎么样……关键你得什么事，你得……那你打个折吧。

老板：打什么折。

老赵：就这400元，下次我来了……

老板：你赶紧给。

答：餐馆老板等人构成强迫交易罪。

《刑法》第226条规定："以暴力、威胁手段，实施下列行为之一，情节严重的，处三年以下有期徒刑或者拘役，并处或者单处罚金；情节特别严重的，处三年以上七年以下有期徒刑，并处罚金：（一）强买强卖商品的；（二）强迫他人提供或者接受服务的；（三）强迫他人参与或者退出投标、拍卖的；（四）强迫他人转让或者收购公司、企业的股份、债券或者其他资产的；（五）强迫他人参与或者退出特定的经营活动的。"

本案中，餐馆老板等人采用威胁手段，强迫老赵接受服务价格，食用被禁吃的娃娃鱼，构成强迫交易罪既遂。

问题四：老赵使用老刘的假币支付了餐费，是否构成犯罪？

◇ 场景片段重现

（老赵给完钱走出饭店，在小桥上走着，忽然间饭店的人追

第九章 《落叶归根》

了上来。)

  饭店的人：站住，站住……

  老赵：你们还有完没完，干什么？

  老板：使他妈的假钱啊。

  老赵：什么玩意儿？啥玩意儿？

  老板：你自己看看，你自己看看。

  老赵：怎么可能？

  老板：这张是真的，这两张呢？你看看……

  老赵：这是我的吗？

  老板：怎么不是你的？不承认呢？你摸摸这水纹，你比比这张，你看看这纸，你自己比比。

  老赵：这怎么可能呢？

  老板：少废话，拿两百元出来……还是假的。你敢使假钱，你信不信我送你到警察局。

  答：不构成。

  《刑法》第172条规定："明知是伪造的货币而持有、使用，数额较大的，处三年以下有期徒刑或者拘役，并处或者单处一万元以上十万元以下罚金；数额巨大的，处三年以上十年以下有期徒刑，并处二万元以上二十万元以下罚金；数额特别巨大的，处十年以上有期徒刑，并处五万元以上五十万元以下罚金或者没收财产。"

  持有、使用假币罪在客观方面表现为持有、使用伪造的货币，数额较大的行为。[1]

  "持有是指拥有，它表现为主体与某一特定之物的占有状

---

[1] 参见 https://baike.so.com/doc/7300208-7529758.html.

态。"因此，只要伪造的货币为行为人所占有，即实际处于行为人的支配和控制中就可以视为持有。"使用"是指将假币取代真币在经济交易中运用，即用于流通，如正常的买卖活动，也有的用作赌资等非法活动。同时，以持有、使用的假币达到数额较大为构成犯罪的必备要件。根据最高人民检察院、公安部《关于经济犯罪案件追诉标准的规定》（已失效）第19条"明知是伪造的货币而持有、使用，总面额在四千元以上的，应予追诉"的规定，数额较大的起点为4000元。

持有、使用假币罪的主体是一般主体，即自然人。

在司法实践中，对于伪造货币后又持有或使用的，只构成伪造货币罪，而并不实行数罪并罚，因为持有、使用是伪造行为的自然延伸，不单独构成犯罪，这说明持有、使用假币罪的主体将伪造货币者排除在外。在大多情况下，出售、购买、运输假币者不单独成为持有、使用假币罪的主体，但在个别情况又不能把他们排除。因此，确切地说，构成持有、使用假币罪的主体是伪造货币者以外的自然人主体。

持有、使用假币罪在主观方面表现为故意，即行为人明知是伪造的货币而持有、使用。明知是区分罪与非罪的重要界限。明知就一般意义而言，是指明明知道。但具体要求明知的犯罪，由于其具体内容和认识对象的不同，对主体的明知程度和范围的要求也不能完全一致。例如，对于窝赃、销赃罪中的明知，根据最高人民法院、最高人民检察院的解释，"……只要证明被告人知道或者应当知道是犯罪所得赃物而予以窝藏或者代为销售的，就可以认定"。该罪的明知是知道或者应当知道。以上解释具有单个性质，因此，它替代不了对持有、使用假币罪中的明知的说明。对于持有、使用假币罪的明知，总的来讲，要根据假币和持有、使用假币行为的特点以及司法实践经验来确定。具体言之，有以下情形之一的，可以认定为"明知"：①被验是假币或者被指明后继续持有、使用的；②根据行为人的特点（如知识、经验）和假币的特点（仿真度），能够知道自己持有、使用假币的；③通过其他方法能够证明被告人是"明知"的等。构成持有、使用假币罪以明知为要件，但不以特定目的为必要。因此，只要行为人明知是伪造的货币而持有、使用，数额较大的，不论其出于何种目的，均可构成持有、使用假币罪。

认定标准：一般来说，行为人明知是假币而持有，数额较大，根据现有证据不能认定行为人是为了进行其他假币犯罪的，以持有假币罪定罪处罚；如果有证据证明其持有的假币已构成其他假币犯罪的，应当以其他假币犯罪定罪处罚。

关于以收藏为目的的持有假币，以单纯收藏为目的而持有假币的行为，是否成立持有假币罪？或者说，应否将"以使用为目的"作为持有假币罪的主观要件？通说认为，由于刑法并没有要求出于使用目的而持有，假币应属于违禁品，禁止个人收藏，行为人收藏数额较大的假币也会侵犯货币的公共信用，故只要明知是假币而持有并达到数额较大要求的，就应以持有假币罪论处，但量刑时可以酌情从轻处罚。

根据司法解释，行为人购买假币后使用，构成犯罪的，以购买假币罪定罪，从重处罚，不另认定为使用假币罪；但行为人出售、运输假币构成犯罪，同时有使用假币行为的，应当实行数罪并罚。

对于误用假币数额较大的，如何处理？笔者认为，在这类案件中，行为人虽然误用假币的数额较大，但因缺乏对假币的明知，因此不够成本罪。发现误收假币后而使用的，应如何定性？笔者认为，这是一种明知为假币而使用的行为。如果数额较大，应以犯罪处理。行为人发现误收假币后，为了避免自己的经济损失而使用，数额较大的，尽管有其可以谅解的一面，但同样危害货币的正常流通，使假币难以禁止，从而具有了可罚性。当然，对于集受害人、加害人于一身的行为人所实施的使用行为，在处罚时可以从轻。

本案中，老赵虽然客观上使用了假币，但其主观上对于其所持有的假币并不知情，缺乏犯罪所要求的主观故意，不构成使用假币罪，不成立犯罪。

问题五：老赵遭遇了非法采血，非法采血的行为人是否构成犯罪？

◇ 场景片段重现

（在老赵下了警车后，碰到了无偿献血的车队。但是结果发现自己曾经患过乙肝，不能献血。下了无偿献血的车后，有个成年男子来找老赵搭话。）

男子：大哥，献血了吗？

老赵：没有。

男子：在他们那里献血是没有钱的。我也是收血的，捐一次血五百元。

老赵：我的血不能用，有乙型肝炎。

男子：唉，你别听他们瞎说。只要不是艾滋病，你的血肯定有用。你看你身体这么好。

老赵：我的病好了，没事了。

男子：等钱用是不是？走吧……

答：行为人可能构成非法采集血液罪。

本案中，行为人未经批准，非法采集血液，如果不符合国家规定的标准，足以危害人体健康，则构成非法采集血液罪。

问题六：老赵欺骗前来巡逻的警察，隐瞒运输工友尸体的事情，是否构成妨害公务罪？

◇ 场景片段重现

（老赵到了县城后，听到一家发廊的女子说话酷似东北口音，于是进入发廊。）

女子：哎哎哎，你干啥的？谁让你进来的？出去出去，我们要关门了，赶紧的！

（老赵跪下）

女子：你干什么？

老赵：姑娘，我听得出来，你是东北人，咱们是老乡，帮帮我们俩行吗？

女子：你有啥事就说吧，你怎么了？你说你这跪着算咋回事？

老赵：你给他化妆行吗？

女子：化妆？化妆啥大事啊，你不用跪着，你起来吧……

老赵：这是死人。

女子：啥？哎哟我的妈啊，快把他给我整出去。

老赵：姑娘你别害怕听我说。

（这时巡逻的警察驾驶着警车过来）

老赵：这是我身份证，我不是坏人。

（两人看到了警察，假装洗头。警察走进屋里。）

警察：正忙呢？

女子：恩。

警察：没事，就过来看看。东北的？

老赵：嗯嗯嗯。

警察：万州的，这人呢？

（老赵示意）

女子：我给你介绍一下，这是我表叔，那是他工友。他们要回万州，这不正好路过，过来看看我，一高兴喝醉了，还喝趴下了。

答：不构成。

《刑法》第277条第1款规定："以暴力、威胁方法阻碍国家机关工作人员依法执行职务的，处三年以下有期徒刑、拘役、管制或者罚金。"

本案中，老赵没有采用暴力或者威胁手段，而是采用欺骗手段阻碍警察执法，不构成犯罪。

问题七：某中年妇女之子嫌弃她而不让她每月跑到学校送钱，很伤她的心。该大学生的行为是否符合道德的要求？

◇ 场景片段重现

（老赵跟中年妇女表演完后坐在外面聊天。）

中年妇女：开始的时候，我是一个月给他送一回钱，送了大半年吧，有一天他说：妈，你不要送了，太麻烦了，你就寄来吧，你不要来了。所以，差不多两年了，我们俩也不在一块。

老赵：啥意思？他是怕你丢人？

第九章 《落叶归根》

中年妇女：我娃是大学生，有出息，我是个捡破烂的，我娃就是嫌弃我也是正常。

老赵：那不对的，你这孩子这么惯着不行，这大学生的，教授也得承认他妈呀，你这在外面捡破烂捐血供他上学，你这孩子得教育。

答：不符合。

尊重和孝敬父母是道德的重要组成部分，是中华民族的传统美德。俗语道："子不嫌母丑，狗不嫌家贫。"作为一名大学生，更是为人子，他理应从心底感恩自己的母亲，而非因母亲贫穷、靠捡垃圾维持生计而嫌弃她。该大学生的做法违反了孝道的要求。

问题八：老赵为了兑现其所答应的将工友尸体运回家乡的话，虽历经艰险，然而最终仍然只能火化而不能将其运回。他的行为是否符合诚实信用原则？

◇ 场景片段重现

（老赵背着工友尸体走在大道上，不断尝试叫车，但由于工友尸体，过往车辆拒不载人，老赵在路上，实在疲劳过度，晕了过去。一醒来，在警局。）

警察：我们已经跟工地核实过了，你说的没错，我们也做了尸体检查，死因是对的，只是现在没办法和他的家人联系上。你来看，尸体的运输除特殊情况外，必须由殡仪馆承办，任何单位和个人不得擅自承办。

老赵：我没想那么多，我就是答应人家，要把他送回去。

警察：你的心情可以理解，这规定写得很清楚。凡异地死者及尸体要就地尽快处理。所以还是把他火化。

答：老赵没有违反诚实信用原则。

诚实信用是民法的基本原则之一。它是正义理念在民法中的具体化，是在遵守交易道德基础上谋求当事人之间的利益平衡，以及当事人与社会的利益平衡。《民事诉讼法》规定，民事诉讼应当遵循诚信原则。所谓诚实信用原则，又称诚信原则，是指民事主体在从事民事活动时，应当本着诚实守信的理念，以善意的方式行使权利、履行义务。该原则要求民事主体在民事活动中诚实不欺、恪守信用，并在获取利益的同时充分尊重他人和社会的利益。

诚信原则作为民法的"帝王规则"，既是一条守法原则，也是一条司法原则。诚信原则在以下两个方面发挥着作用：第一，它是对当事人进行民事活动时必须具备诚实、善意的内心状态的要求，对当事人进行民事活动起着指导作用；第二，诚信原则是对法官自由裁量权的授予。

在电影中，老赵受工友所托，将其尸体运回家乡。我们也可以将老赵与该工友之间的关系理解为委托关系，视两者形成了委托合同。老赵为了完成这一委托，历尽艰险，吃遍了苦头，虽然最后由于在道路上遇到了泥石流，又因行政法规禁止而没有完成，但是，他已经尽了自己最大的努力，这是难能可贵的。因此，老赵非但没有违反诚实信用原则，反而是诚实守信的模范。

拓展与思考

"803"特大假币案

假币犯罪有一个印制、加工、贩卖、运输的链条。据专案

第九章 《落叶归根》

民警介绍，假币贩卖处于最末端，而源头是胶版的提供者，从源头到末端，中间通常有五到六层关系人。能够顺藤摸瓜最终将版源打掉，背后需要做大量抽丝剥茧的细密工作。

回溯到2012年3月份，广东警方发现犯罪嫌疑人朱某在广州、揭阳等地活动，存在贩卖假币的犯罪行为。随着侦查的深入，一个庞大的地下假币犯罪网络逐渐浮出水面。于是，2012年8月3日，广东省公安厅专门召集广州、汕头、汕尾、揭阳等地经侦负责人召开会议，成立了以副厅长何广平为组长的"803"专案组，目标直指假币胶片版源。

2012年9月，警方发现沉寂一段时间的朱某有转移大宗假币的迹象，于是一举将其抓获，并捣毁了两个印制和储存假币的窝点，缴获假币4000多万元。但是，谁是胶片的提供者仍迷雾重重。

就在侦破一度陷入困境的时候，曙光乍现。2012年11月，曾是朱某马仔的詹某和贵州方面有500万元的假币交易。警方发现，他的上线郑某从9月份就开始频繁活动，并且有销售假币的行为，警方综合多方面因素判断他就是印制假币的窝点老板，专案组民警难掩兴奋。12月17日，警方果断出击，捣毁了郑某的印制窝点，缴获假币7950万元。经过讯问和多方面分析，迷雾终于拨开，胶片版源直指彭某。

功夫不负有心人。2013年1月6日，警方终于得到犯罪分子准备交易假币胶片的线报。卓某已去过彭某的家里，民警判断卓某很可能已经拿到胶片，即将开始印刷。9日，广东省公安厅给揭阳、汕尾两地发出通知，要求迅速摸到假币印制窝点。经过揭阳警方的仔细排查、乔装跟踪，终于找到了这个隐蔽的假币印制窝点。

得到广东摸清假币版源情况报告，公安部经侦局局长孟庆丰立即派人带队赴广东实地协调组织破案行动，务求打到源头，实现 2013 年反假币工作"开门红"。于是，就有了 22 日警方雷霆万钧的统一行动。[1]

◇ 思考题

一、该制假窝点制造假币，行为人构成何种犯罪？

二、对该制假集团的首要分子，是否应当从重处罚？

三、如果该制假币犯罪集团人员众多，是否应当"法不责众"，只处罚首要分子和积极参加者？

---

[1] 参见 https://baike.so.com/doc/7089610-7312523.html.

后 记

本书终于可以交稿了！我期待着它早日与读者朋友，尤其是大学生读者见面。我相信开卷有益，本书会是他们拓展知识的良师益友。为此，我感到不胜欣喜。

本书的成稿离不开社会各界的大力支持，尤其是韶关学院政法学院领导的支持。它受到了韶关学院2022年政法学院法律硕士学位点与教学科研平台建设项目和韶关学院引进人才科研经费项目《我国检察权建构的法理意蕴及制度约束》的经费支持。这使得本书的出版得以顺利进行。也正是得益于韩登池院长等人的鼓励和支持，原计划明年出版本书的任务在今年得以顺利交稿。这其中，不少学生们的肯定和期待也加强了我完成此书的信心。他们上通识选修课《看电影，学法学》时的热情时时刻刻鼓励着我、鞭策着我，促使我早日完成这部拙作。他们不仅积极参与课堂讨论，而且还表现出了极大的热忱，甚至一些没有选这门课程的同学也在百忙之中前来上课，而且并非在看电影时间。可见，吸引他们的绝非可以看电影！这些，都给予了我一种紧迫感。只有早日完成此书，才能方便他们上课，才能更好地让他们在欣赏经典影视作品的同时，学习到不少法学知识，甚至是学到可以引领他们走向成功的人生常识。为了本书的早日付梓，中国政法大学出版社丁春晖编辑也为此付出了不少努力。

或许，大多数职业（只要是正当的）从事起来都并非易事，尤其是初次尝试时。完成本书也耗费了我和五位同学多日的心血。石丹同学的认真、黄嘉怡同学的敬业、陈欣仪同学的热情、叶剑渝同学的腼腆，李沛洪同学的勤奋，都让我难以忘怀。本书记载了他们的芳华岁月，也承载着刚刚步入中年的我对于"青年""青春""小年轻"这些美好词汇所代表的意象的眷恋和缱绻。不知道多年以后，他们是否还可以偶尔回忆起这段和我一块儿上课和写作的岁月，甚至重回韶院来个故地重游，和我喝上一杯？

然而，无论如何，人生的车轮总要滚滚向前。对于热爱奋斗的我们而言，也许，一个更加美好的年华，一个更加美好的时代，在等待着我们每一个人！

加油吧，朋友们！

刘卓

2022年7月于韶关学院